D1722440

Manfred Mohr

Die Wunderkraft des Segnens

Manfred Mohr

Die Wunderkraft
des Segnens

nymphenburger

© 2015 nymphenburger in der
F. A. Herbig Verlagsbuchhandlung GmbH, München
Alle Rechte vorbehalten.
Schutzumschlag und Illustrationen: atelier-sanna.com, München
Satz: Buch-Werkstatt GmbH, Bad Aibling
Gesetzt aus: 10,4/14,1 pt Sabon
Druck und Binden: GGP Media GmbH, Pößneck
Printed in Germany
ISBN 978-3-485-02835-6
Auch als **book**

www.nymphenburger-verlag.de

Inhalt

Wie ich das Segnen entdeckte   9

Segnen wirkt – auf mich und mein Umfeld 21

Segnen – wie geht das? 36

Das Segensbändchen mit großer Wirkung 50

Schöpfer sein 65

Vergebung schenken 76

Dem Segnen vertrauen lernen 85

Jede Beziehung ist ein Segen 103

Vom Segen der Gefühle 114

Geld und Beruf 125

Befreiung von alten Glaubenssätzen 135

Der Raum des Schweigens 145

Mein Universum und ich 154

Nachwort 165

Anhang 171

»Mögen alle Menschen die Gaben des
Segnens für sich entdecken.
Mögen alle Menschen dabei reich
beschenkt werden.
Mögen alle Menschen Erkenntnis
darüber gewinnen, wie sehr wir alle
miteinander verbunden sind.
Möge allen Menschen offenbart werden,
dass der andere in meiner Umwelt immer
auch ein Spiegel für mich ist.
Mögen alle Menschen Gewissheit finden
und aufrichtig glauben, dass die Liebe
unser Weg und unser Ziel ist.«

Namasté, Aloha, Schalom, Salam und
Grüß Gott
Ihr Manfred Mohr

Wie ich das Segnen entdeckte

Die Liebe ist
wie ein See:
klar und tief, rein und weit,
erstreckt sie sich in viele Buchten
und verwunschene Winkel,
die nur darauf warten,
von dir für alle Menschen entdeckt zu werden.

In diesem Kapitel erfährst du, was das Segnen im Sinne dieses Buches eigentlich ist. Mit ein wenig Praxis könnte es für dich so natürlich und einfach werden wie das Atmen. Darum enthält jedes Kapitel Übungen, mit denen du die Wunschkraft des Segnens für dich entdecken kannst. Segnen ist immer mit der Liebe im Herzen verbunden. Je mehr wir segnen, desto mehr wird uns die Liebe, die auf uns im Herzen wartet, bewusst. Mögen alle Menschen ins Herz und in die Liebe finden!

Seit mehr als fünfzehn Jahren verbringe ich mindestens eine Woche des Jahres mit einem Retreat in den Schweizer Bergen. Ich brauche diesen Rückzug, um mich dort oben in der klaren Bergluft voll und ganz auf mich selbst besinnen zu können. Begleitet werde ich dabei von einigen Dutzend Kühen, die auf dieser Hochalm im Sommer weiden, Murmeltieren, die man manchmal pfeifen hört, und hin und wieder von einem Greifvogel am Himmel, der zu mir herunterblickt.

Ach ja, und natürlich sind da noch die zehn bis zwanzig anderen Menschen, die ebenso wie ich diese Einsamkeit zur inneren Einkehr nutzen. Wir verbringen die Zeit damit, gemeinsam zu singen, zu meditieren und zu beten. Wir kochen und essen miteinander und an den Nachmittagen gehen wir bei schönem Wetter allein oder in Gruppen in die Natur, um die wunderschöne Bergwelt der Alpen zu erkunden. Oft bekommen wir dabei eine Aufgabe mit auf den Weg.

Bei meinem ersten Retreat wurde mir eine solche gegeben, die mein ganzes Leben verändern sollte. Ich sollte beim Gehen das folgende Mantra rezitieren: »Ich segne meine Liebe weit und breit. Ich segne meine Liebe weit und breit.« Und so weiter.

Bei jedem Schritt sprach ich also diesen Segensspruch zu mir selbst.

Es wäre sicher vermessen, würde ich behaupten, bei dieser Prozedur ein großartiges Erlebnis gehabt zu haben. Der Sinn und Zweck entzog sich mir damals noch zur Gänze. Doch sprach ich diese inneren Worte, weil es eben meine Aufgabe an diesem Tag geworden war, ebenso wie ich bei anderer Gelegenheit schon Mantren des Buddhismus oder der vedischen Tradition rezitiert hatte. Im Christentum kennen wir

10

solche Anrufungen ja auch in Form der Rosenkränze, die wir zu bestimmten Anlässen beten.

Ich ging durch die Natur und setzte Schritt auf Schritt, langsam und bedächtig, und bei jedem Mal sagte ich innerlich: »Ich segne meine Liebe. Ich segne sie weit und breit, über die ganze Erde. Ich segne meine Liebe zu allen Menschen, allen Tieren, Pflanzen und der ganzen Welt.« So oder so ähnlich begann ich, meinen Segen erstmals über die Erde fließen zu lassen. Und obwohl es mir nicht bewusst war, geschah etwas mit mir. Denn später nahm ich diesen Segen auf und praktizierte ihn viele Jahre bei meinen Spaziergängen zu Hause. Irgendwie tat mir das gut und gab mir ein Gefühl der Verbundenheit mit der Natur.

Später begann ich mit den verschiedensten Segnungen zu experimentieren und spürte immer deutlicher, welche Kraft sich in ihnen verbirgt. Das Segnen hat dabei sehr viele unterschiedliche Facetten für mich bekommen, von denen in diesem Buch noch ausführlich die Rede sein wird.

Doch beginnen wir am besten mit der Übung, die ich damals in den Schweizer Bergen erhalten habe. Heute praktiziere ich sie etwas anders, weil mir bewusst wurde, was dabei in meinem Herzen geschieht.

ÜBUNG: *Aus dem Herzen segnen*

Setz dich dazu zunächst einmal ungestört hin und wähle eine Tageszeit, an der du ungestört bist. Am besten eignet sich der frühe Morgen oder der spätere Abend. Aus dem Herzen gelingt es am besten, Segen zu spenden. Darum bauen wir zuerst einen guten Kontakt zu ihm auf. Sage dir innerlich: »Ich atme ein – ich atme aus. Ich atme in mein Herz ein – und ich atme aus meinem Herzen aus.« Wiederhole diese Anweisung einige Minuten, bis du sicher bist, dass du eine Verbindung zu deinem Herzen und zu deinem Zentrum aufgebaut hast.

Wähle dann ein Lebewesen aus, dem du deinen Segen schenken möchtest. Das kann ein Mitbewohner deines Hauses sein, der vielleicht noch schläft, oder dein Haustier oder das der Nachbarn. Oder eine Freundin oder ein Freund, die vielleicht einige Kilometer entfernt wohnen – das spielt beim Segnen zum Glück keine Rolle.

Atme weiter in dein Herz und lass aus deinem Herzen mithilfe deines Atems Liebe zu diesem Lebewesen fließen. Sag zum Beispiel: »Ich segne diesen Menschen mit meiner Liebe. Ich lasse mit meinem Atem Liebe zu ihm fließen.« Und dann atmest du einfach Liebe dorthin. Tue dies etwa zehn Minuten, solange es sich gut anfühlt. Beende dann die Übung und wiederhole sie einige Tage lang. Beachte, ob sich das Verhalten deines Haustieres oder des Menschen, den du segnest, dir gegenüber verändert. Beachte auch, ob du selbst dich veränderst.

Mithilfe dieser Übung habe ich einmal einen Wacholderbusch in unserem Vorgarten gerettet. Er hatte im Winter zu viel Frost abbekommen und drohte im Frühling einzugehen. Also segnete ich diesen Busch und ließ in der beschriebenen Weise Liebe aus meinem Herzen hin zu dieser Pflanze fließen. Tatsächlich erholte er sich und gedeiht auch heute noch prächtig. Daraus können wir ein weiteres Experiment ableiten.

 ÜBUNG: *Sprösslinge segnen*

Nimm dir ein paar Blumentöpfe und säe Samen hinein. Bohnensamen eignen sich am besten, da sie am schnellsten wachsen. Markiere einen, dem du deinen Segen schenken möchtest. Stell die Töpfe auf die Fensterbank des Zimmers, in dem du sie regelmäßig siehst, und lenke deinen Segen zu dem einen besonderen Samen hin.

Vergleiche nach einer Woche, in der du diese Übung täglich ausgeführt hast, welche Sprösslinge am schnellsten gewachsen sind. Es wäre schön, wenn du dieses Experiment begleitend zum Lesen dieses Buches machen würdest, um dein Vertrauen zu stärken, dass dein Segnen eine sichtbare Veränderung bewirkt.

Wenn du mit dem Segnen beginnst, torpediert dich wahrscheinlich (so wie mich auch damals) dein neunmalkluger und besserwisserischer Verstand mit seinen Rohrkrepierern. Du kannst dich wahrscheinlich nur schwer gegen deine inneren Zweifel wehren und fängst vielleicht erst gar nicht mit dem Segnen an. Mit den beiden praktischen Übungen hast du darum Gelegenheit, dich selbst als »Versuchskaninchen« zu betätigen, um dich beim sich hoffentlich einstellenden Erfolg selbst von der Kraft des Segnens zu überzeugen. Mögen alle Menschen mit dem Segnen beginnen und seine Wirkkraft für sich entdecken.

Ganz nebenbei sind solche Übungen auch sehr nützlich, den Verstand zu beschäftigen. Während du ganz vertieft die Experimente durchführst, hat dein Kopf einfach keine Zeit, sich mit Zweifeln und Meckern zu beschäftigen.

Es braucht also auch ein gewisses Durchhaltevermögen, damit du nach einer Weile erahnen und spüren kannst, was wirklich in seiner Tiefe hinter dem Segnen steckt. Durch die praktischen Übungen treten wir, etwas vereinfacht gesagt, in Kontakt zum Universum und geben ihm die Gelegenheit, auf unsere Segnungen direkt zu reagieren und sozusagen Feedback zu geben. Dies geschieht jedoch nicht immer umgehend. Manchmal dauert es einfach eine gewisse Zeit, bis wir das Resultat des Segnens erfahren können. Oft geschieht dies über Zufälle, spontane Begegnungen oder auch kleine Wunder, die in unserem Alltag eintreten – und die vielleicht schon bald zur Normalität gehören.

Beim Segnen ist es wirklich so: Segne und halte Ausschau nach dem Wunder, das dann geschieht.

Unsere Welt steckt voller Wunder und wir selbst sind Teil dieses Geheimnisses.

Ein bisschen wundert es mich selbst, warum ich dieses Buch nicht schon früher geschrieben habe. Vielleicht habe ich mit dem Segnen diesen besonderen und für mich einmaligen Ort in den Bergen verbunden, den ich seit so vielen Jahren in meinem Herzen trage. Nur dort oben, wo der Himmel nicht nur wegen der geografischen Höhe so nah ist, kam es mir zunächst wirklich richtig und stimmig vor, zu beten und zu segnen. Deshalb war auch tatsächlich eine gewisse Scheu damit verbunden, diese heilige Technik vom Berg in die Täler hinab zu bringen. Nun, um genau zu sein: Es dauerte fünfzehn Jahre, bis ich innerlich bereit dafür war.

Wie ich bereits beschrieben habe, war mir selbst die Kraft des Segnens nur unzureichend bewusst. Ich tat es zwar häufig, manchmal mehr, den ganzen Tag lang, und manchmal weniger. Doch die Resultate ließen meist eine ganze Weile auf sich warten. Zumeist sogar so lange, dass mir gar nicht mehr bewusst war, dass ich ja genau diese Sache schon vor einiger Zeit gesegnet hatte. Ich stellte also gar keinen Zusammenhang zwischen einem eintreffenden Geschehnis und meinen vorherigen Segnungen her.

Wenn ich jetzt also dieses Buch schreibe, dann vor allem, weil ich heute wirklich von der Wichtigkeit und dem hohen Stellenwert des Segnens überzeugt bin. In den Jahren, in denen ich damit experimentierte, hat mir das Segnen so wundervolle Geschenke gemacht, dass ich es mit anderen teilen möchte. Es ist an der Zeit.

Segnen verändert unser Leben. Segnen verändert uns selbst und unterstützt uns in unserer Entwicklung. Ich habe immer besser gelernt, mich selbst anzunehmen, mir selbst zu verzeihen und mein Herz mehr und mehr zu öffnen. Ich lernte mich selbst besser kennen, so gut sogar, dass schließlich viele Irrtümer über mich und mein Wesen von mir Abschied nehmen durften. Ich erkannte, wer ich wirklich bin. Und das Segnen wurde dabei ein untrennbarer Teil von mir. Ich möchte es wirklich genau in diesen Worten sagen, denn das trifft es einfach am besten: Ich bin mein Segen geworden. Indem ich meinen Segen verschenkt habe.

Das hört sich vielleicht beim ersten Lesen paradox an. Ich gebe den Segen weg und dann werde ich zu ihm? Wie soll das denn bitte gehen?

Segen haben in sich, was wir in unserem tiefsten Kern als Mensch wirklich sind: Liebe. Darum gelten hier Gesetzmäßigkeiten, die mit dem Verstand nicht wirklich zu verstehen sind. Liebe kann man nicht verstehen. Es ist sogar so, je mehr ich verstehen möchte, desto weniger bin ich in der Liebe. Denn wenn ich meine Zeit im Kopf verbringe, kann ich nicht gleichzeitig im Herzen sein. Beides geht nicht. Entweder oder. Deshalb kann mit dem Verstand nicht wirklich erfasst werden, was Clemens von Brentano so treffend über die Liebe sagte und was auch das Wesen des Segnens ausmacht: »Die Liebe ist das Einzige, was wächst, wenn man es verschwendet.« Durch das Geben von Liebe bekommen wir mehr davon. Durch das Segnen werden wir es selbst. Wir werden, was wir wirklich sind. Oder genauer gesagt, wir sind es schon immer, nur durch das Segnen spüren wir erst, wer und was wir sind.

Wer bin ich wirklich, als Mensch?

Nelson Mandela hat in der Rede zu seinem Amtsantritt als Präsident von Südafrika bemerkenswerte Worte gefunden. Wir sind mehr, als wir denken zu sein. Und zwar viel mehr. Mandela gibt uns einen Ausblick auf unsere Fähigkeiten, die in uns schlummern, um wachgeküsst zu werden: »Unsere tiefste Angst ist es nicht, ungenügend zu sein. Unsere tiefste Angst ist es, dass wir über alle Maßen kraftvoll sind. Es ist unser Licht, nicht unsere Dunkelheit, was wir am meisten fürchten.«

Seine Aussage trifft die Kernbotschaft des Segnens: Es wartet in uns, um gesehen und endlich zum Guten eingesetzt zu werden.

Segnen ist für alle Menschen gedacht, ohne Ausschließlichkeit. Segen schenken gleicht in seiner Art unserer Sonne, die nicht unterscheidet, wem sie ihre Strahlen schenkt, um zu wärmen. Sie scheint auf die

Guten wie die Schlechten, auf die Armen wie die Reichen, auf die Menschen in Afrika wie auf die Bewohner der Nordhalbkugel. Für die Sonne sind wir alle gleich. Genauso verhält es sich auch beim Segnen. Damit ein Segen wirklich fließen kann, sollte er für alle gedacht sein. Segnen ist die Gabe der Liebe, die ich aus meinem Herzen allen schenken will, ohne Ausnahme. Die Liebe nimmt jeden an, wie er ist, ohne Vorbehalt. Liebe ist im Kern Annahme, wie auch immer ein Mensch ist, in all seinen Facetten, und schließt auch seine Schattenseiten mit ein.

Wenn ich erkannt habe, dass jeder Mensch meiner Umwelt nur ein freundlicher Spiegel ist für meine Unarten, die ich auf ihn projiziere, dann ist das Tor des Herzens geöffnet, durch das mein Segen fließen kann. Wenn ich meinen Schatten nicht mehr ablehne, sondern ihn voll und ganz annehmen kann, dann muss ein anderer Mensch ihn nicht für mich spiegeln, ihn nicht für mich leben, dann werde ich frei und immer mehr zu dem, der ich wirklich bin.

 ÜBUNG: *Liebe segnen*

Diese Übung mache ich oft auf meinen Vorträgen und Seminaren, um einen Eindruck zu vermitteln, wie das Segnen wirkt und dass es spürbar für die Beteiligten ist. Meine Erfahrung zeigt mir: Je größer die Menschenmenge ist, desto besser ist die Kraft des Einzelnen wahrnehmbar.

Da nicht jeder so einfach viele Menschen zur Verfügung hat, bietet es sich an, diese Übung einfach als Auflockerung bei Geburtstagen oder anderen Festen einzubauen. Ich habe die Erfahrung gemacht, dass viele gern bei solch einem Experiment mitmachen.

Zu dieser Übung muss man keinerlei Vorbereitungen treffen, es wäre jedoch schön, wenn sich die Menschen als Warm-up einige Atemzüge lang mit ihrem Herzen verbinden würden. Dazu reicht es, wie schon in der Übung »Aus dem Herzen segnen« einfach bewusst zu atmen und sich dabei auf sein Herz zu konzentrieren. Wer möchte, kann unterstützend auch beide Hände auf die Brust legen. Man spricht innerlich die Affirmation: »Ich atme ein – und ich atme aus. Ich atme aus meinem Herzen ein und aus.«

Dann bilden alle einen Kreis, bei dem jeder die Hände auf die Schultern des Vordermannes legt, wie bei einer Polonaise. Alle stehen locker auf diese Weise und tun nichts weiter, als die folgenden Worte still vor sich hin zu sprechen: »Ich segne. Ich gebe. Ich liebe. Ich gebe meine Liebe. Ich gebe meinen Segen. Ich sende meinen Segen in diesen Kreis.«

Wir segnen und wir spüren. Nach etwa fünf Minuten beendet man die Übung – wenn allen langsam die Arme schwer werden. Jeder spürt dabei etwas, was schwer zu beschreiben ist.

Diese Praxis ist wirklich im Grunde sehr simpel. Ich segne und schon geschieht etwas. Die meisten Menschen berichten danach, es sei ihnen ganz warm ums Herz geworden, sie fühlten sich getragen, geborgen oder gestärkt. So einfach kann man die Kraft erfahren, die vom Segnen ausgeht.

Die Wunderkraft des Segnens

SEGNEN IST LIEBE. ES IST ALS EINLADUNG ZU VER-
STEHEN, DEM LEBEN UND ALLEN MENSCHEN MEIN
HERZ ZU ÖFFNEN. DANN ERST KANN DIE LIEBE
AUS MEINEM HERZEN FLIESSEN UND ZUM WOHLE
DER ALLGEMEINHEIT WIRKEN. DABEI IST DER LIE-
BE FREIGESTELLT, WIE UND WO SIE TÄTIG WERDEN
MÖCHTE. IMMER WIRD AUCH MIR SELBST DER SEGEN
ZUTEIL, DEN ICH SPENDE.

Denn Liebe geht niemals verloren,
sie wächst nur und stets neu verbleibt.
Die Liebe, die aus mir geboren,
ist, was mich in Zukunft fortschreibt.

Segnen wirkt –
auf mich und mein Umfeld

*Die Liebe ist
wie das Füllen der Leere:
Sie macht dich voll und rund,
sie stillt deinen inneren Hunger
und ihre größte Freude ist es,
alle anderen Menschen dann
auch zu sättigen.*

Während bei uns die Anwendung des Segnens fast vergessen wurde, halten andere Kulturen es noch sehr lebendig. In diesem Kapitel entführe ich dich deshalb in die Geschichte und in andere Kulturen. Wir machen auch einen kleinen Exkurs in die Wissenschaft und entdecken, dass ihr das Segnen nicht so fremd ist. Schließlich lade ich dich ein, das Segnen auch bei der alltäglichsten aller Prozeduren anzuwenden: beim Essen! Mögen alle Menschen jeden Tag mit einem reichhaltigen Essen gesegnet sein!

In früheren Zeiten war es bei uns noch üblich, einen wohlgemeinten Segen für andere zu sprechen. Man wünschte sich eine gesegnete Mahlzeit oder einen gesegneten Appetit. Daraus ist heute das verkürzte und etwas kümmerliche »Mahlzeit« zur

Mittagszeit geworden, dem der Segen irgendwann abhandengekommen ist.

Es finden sich jedoch noch Bruchstücke des Segnens in der deutschen Sprache, zum Beispiel in: »Da hängt wohl der Haussegen schief.« Dieser Segensspruch war früher über der Tür oder dem Sofa befestigt und hing er schief, galt das als Zeichen, dass es in dem Haus oftmals zu Streitereien kommt. Solche Segenssprüche waren in alter Zeit überaus beliebt.

Auch in der modernen Arbeitswelt ist es alltäglich, sich von seinem Chef wichtige Arbeiten und Entscheidungen »absegnen« zu lassen. Diese Floskel wird zwar von vielen verwendet, hat jedoch schon lange ihre ursprüngliche Bedeutung verloren: dass der Chef dieser Sache seinen Segen, also seine Anerkennung und seinen Zuspruch, geben sollte.

Wenn ein Wort aus unserem Sprachschatz immer mehr verschwindet, so verliert sich auch die ihm innewohnende Kraft – damit berauben wir uns im Falle des Segnens einer wunderbaren Möglichkeit, unserem Leben eine gute Ausrichtung zu geben.

Ich selbst hatte im Alltagsleben so gut wie keine Berührung mehr mit dem Segnen, dennoch ist mir eine Begebenheit immer im Gedächtnis geblieben. Einer meiner Freunde hatte mich eingeladen, mit zu seiner damaligen Lebensgefährtin nach Basel zu reisen. Es ist jetzt wohl zwanzig Jahre her. Bei einem Abendessen trafen wir dort auch mit ihrem bereits pensionierten Vater zusammen und verbrachten einen netten

Abend. Zum Abschied nahm dieser recht ehrwürdige ältere Herr dann jeden von uns in seine Arme, legte seine Hand auf unsere Stirn und sprach: »Ich segne dich.« Mehr passierte nicht. Dann sagten wir auf Wiedersehen und ich zog ganz beseelt von dannen. Was mich an dieser Handlung des Segnens damals besonders überraschte, war, wie sehr mich dieser Mann damit berührte. Etwas war dabei in mir geschehen, das ich nicht in Worte fassen konnte, das mir jedoch in Erinnerung blieb. Jemand hatte mich gesegnet.

Auf der Rückfahrt nach Hause beschäftigte mich das intensiv und ich sprach auch mit meinem Freund darüber. Diese innere Auseinandersetzung mit dem Thema ließ mich damals schon erahnen, welch große Bewandtnis es mit dem Segnen hat: eine kleine Tat, eine große innere Wirkung. Jemand, den ich nur von einem flüchtigen Abend her kannte, gab mir seinen Segen mit auf den Weg. Ganz natürlich, einfach so, wie einen Händedruck.

In Indien, dem vielleicht spirituellsten Land dieser Erde, spricht man beim Begrüßen und Verabschieden solch einen Segen auch heute noch aus: »Namasté.« Er wird zumeist übersetzt mit: »Der Gott in mir grüßt den Gott in dir« oder »Meine Seele grüßt deine Seele«. Dabei werden üblicherweise die Handflächen vor dem Herzen aneinandergelegt und eine leichte Verbeugung vorgenommen. Dieses Ritual ist ein Ausdruck der Wertschätzung und soll dem Begrüßten zeigen, dass er in der Göttlichkeit seiner

Seele gesehen und anerkannt wird. Der Ausspruch Namasté dient somit als eine Art Segen, der lauten könnte: »Ich sehe dich als das, was du bist. Ich sehe deine Einzigartigkeit. Möge sie sich zeigen und entwickeln.« Besonders der asiatische Raum ist voller ähnlicher sprachlicher Floskeln. In Myanmar sagt man beispielsweise »Mingalaba« zur Begrüßung – »Möge Segen über dich kommen«.

Eine ähnliche und sehr in Vergessenheit geratene Bedeutung hat auch unser »Tschüss«, das auf das französische Adieu zurückgeführt werden kann und so viel meint wie »Gott befohlen«, also »Gott sei mit dir, Gott beschütze dich auf deinen Wegen«. Auch die bekannten und einander sehr nah verwandten Grußformeln im arabischen »Salam« und im hebräischen »Schalom« bedeuten in ähnlicher Weise »Friede sei mit dir«, in der Bedeutung von »Gottes Friede sei mit dir«. Sie werden ganz selbstverständlich im Alltag als Segensspruch verwendet.

Mithilfe dieser Begrüßungs- und Abschiedsfloskeln könnte bereits eine Erklärung zu finden sein, warum das Segnen in unserer westlichen Kultur immer mehr an Bedeutung verliert. Das Wort Segnen lässt sich von dem lateinischen »Signum« ableiten, dem Wort für »Zeichen«, was christlich betrachtet als Symbol des Kreuzes interpretiert werden kann, unter dessen Schutz man sich stellt, wenn man segnet. Segnen meint damit ganz allgemein: »Gott sei mit dir, Gott schütze dich.«

Die Hinwendung zu Gott, das Wissen darum, dass es etwas gibt, das größer ist als wir, trat in unserer westlichen Welt immer mehr in den Hintergrund. Still und leise, fast unbemerkt, ist dabei eine Verschiebung dessen eingetreten, an was wir »glauben«. Je mehr wir die Welt mithilfe unseres Verstandes deuten und verstehen lernen, desto mehr denken wir, über sie zu wissen. In diesem Sinne brauchen wir nicht mehr im bisherigen christlichen Kontext zu »glauben«, denn nun »wissen« wir ja scheinbar genau, wie die Welt funktioniert und was sie zusammenhält. Der ursprüngliche Glaube an eine höhere Macht wurde durch eine eher atheistisch geprägte Weltsicht und das Vertrauen in die Fähigkeiten der modernen Wissenschaft ersetzt.

Große Forscher wie Newton oder Einstein waren jedoch neben ihrer wissenschaftlichen Orientiertheit auch sehr gottverbundene Menschen. Newton hat zwar das sogenannte »Newtonsche Weltbild« geschaffen, das die Vorgänge auf unserer Erde scheinbar so genau erfassen und beschreiben konnte, dass sich die Wissenschaft sehr lange danach bereits am Ziel ihrer Erkenntnis wähnte. Es dauerte deshalb einige Jahre, bis auch die spätere Relativitätstheorie von Einstein allgemeine Anerkennung fand. Selbst seinen Nobelpreis erhielt Einstein darum pikanterweise »nur« für den von ihm entdeckten fotoelektrischen Effekt.

Von Newton wurde nach seinem Tod bekannt, dass

er neben seiner wissenschaftlichen Forschung auch viel Zeit mit dem Studium der Bibel verbracht hatte. Zahlreiche Schriften aus seiner Hand wurden in seinem Nachlass entdeckt, in denen er sich eingehend mit der Deutung der Bibel beschäftigte.

Auch Einstein ist als ein sehr religiöser Mensch bekannt. Von ihm ist der Satz überliefert: »Wer Wissenschaft anwenden will, der kann an Gott glauben. Wer Wissenschaft verstehen will, der muss an Gott glauben!« Er begründete dies auch noch genauer mit dem folgenden Ausspruch: »Jedem tiefen Naturforscher muss eine Art religiösen Gefühls naheliegen, weil er sich nicht vorzustellen vermag, dass die ungemein feinen Zusammenhänge, die er erschaut, von ihm zum ersten Mal gedacht werden.« Darum verwundert es mich rein gar nicht, dass nun gerade die moderne Wissenschaft selbst Anhaltspunkte dafür liefert, wie sehr Glaube und Wissenschaft miteinander verwoben sind.

Von John Wheeler, einem amerikanischen Nobelpreisträger für Physik, stammt der Begriff des »Beobachter-Universums«. Damit ist gemeint, dass allein die Betrachtung eines Versuches selbst schon dessen Ergebnis mit bestimmt. Ein Experimentator, der beispielsweise in seinem Versuchsaufbau das physikalische Verhalten von Licht untersucht, findet je nach seiner Erwartungshaltung das Licht einmal als Welle, das andere Mal als Teilchen. Wenn er die Welle erwartet, dann findet er sie auch. Das bedeutet, er findet bei seinem Versuch genau das Ergebnis, das er vorher zu entdecken glaubt. Beim sogenannten »Versuchsleiter-Effekt« trägt man darum diesem Einfluss des Forschers Rechnung, indem man das Experiment auch von anderen Wissenschaftlern durchführen lässt und später dann die Ergebnisse untereinander abgleicht.

Außerhalb der Physik ist Ähnliches vom Placebo-Effekt bekannt, bei dem bekanntlich die Erwartungshaltung des Arztes wie des Patienten mit entscheidend ist für den Genesungserfolg. Weniger bekannt ist der ebenfalls wirksame, aber gegensätzliche »Nocebo-Effekt«, bei dem der Glaube an eine nicht erfolgende Heilung ebenso große Auswirkungen haben kann. Offenbar haben wir als menschliche Individuen noch andere, weitgehend unerforschte Fähigkeiten, die uns auf noch geheimnisvoll wirkende Weise auf unsere Umwelt Einfluss nehmen lassen.

Als »Versuchsleiter« unseres individuellen »Testaufbaus« Leben wirkt jeder Mensch selbst in viel stärkerem Masse auf seine jeweiligen Lebensbedingungen ein, als uns dies bisher bewusst werden konnte. Unser »Experiment« Leben entfaltet sich nicht unabhängig von unseren Erwartungen. Wir sind als Menschen viel mehr als unser physischer, sichtbarer Körper, der scheinbar vollkommen getrennt von seiner Umwelt agiert. Durch unser Sein sind wir in ständiger Wechselwirkung mit anderen Menschen und unserer Welt. Alles ist mit allem verbunden und wir Menschen sind Teil des Ganzen, des Lebens, das sich entfaltet.

In wissenschaftlichen Studien wurde nachgewiesen, dass auch die scheinbar unbelebte Materie eine Art Erinnerungsvermögen aufweist: Kleinste Atomteilchen, die miteinander verbunden waren, zeigen im Experiment ein voneinander abhängiges Verhalten, wenn man sie später trennt und gesondert untersucht. Bestimmte physikalische Parameter sind offenbar bei ihnen voneinander abhängig geworden und von ihnen nicht mehr frei wählbar. Ihr Verhalten ist somit in klar definierbarer Weise durch die Eigenschaften des zweiten Teilchens eingeschränkt, demzufolge bezeichnet man beide nun wissenschaftlich formuliert als »verschränkt«. Verschränkte Teilchen scheinen auf noch unerklärte Weise zu wissen, dass sie einmal in der Vergangenheit vereint gewesen sind, und zeigen dies in ihrem physikalischen Verhalten.

Springen wir von der atomaren Ebene auf die menschliche, dann erinnert mich diese Tatsache an die christliche Vorstellung des Himmels, wo wir uns als Seele nach unserem Tod wieder einfinden. Ähnlich wie die beschriebenen Atomteilchen sind wir darum auf Seelenebene auch als Menschen untereinander sozusagen »verschränkt«. Wir agieren nicht unabhängig voneinander, auch wenn es uns unsere physischen Körper anscheinend so vorgaukeln. Als

Menschen tragen wir die ewige Verbindung der Seelen immer als unbewusstes Wissen in uns. Dies meinte Gandhi auch mit seinem Ausspruch: »Ich kann dir nicht wehtun, ohne mich selbst zu verletzen.« Auf der Ebene der Seele gebe ich das, was ich dir gebe, immer auch mir selbst.

Wenn wir etwas segnen, nutzen wir die Verbindung zur Schöpfung nun bewusst, um einen positiven Einfluss zu erzielen. Etwa, indem wir anderen Menschen den Segen schenken: »Gute Reise.« Für unseren Verstand ist dies nicht nachvollziehbar. Das Segnen macht uns die unsichtbare Verbindung von uns Menschen zum Universum bewusst. Über ein Feld, das manche auch als »Matrix« bezeichnen, agieren wir untereinander und auch mit unserer Umwelt – und zwar in jedem Moment, ob wir es wollen oder nicht. Wir Menschen nehmen Einfluss auf die Welt, es ist ein ureigenster Teil unseres Seins. Zumeist ist uns dies nicht bewusst, dennoch tun wir es.

Dass dies so ist, müssen wir nicht glauben, sondern wir können es selbst erfahren. Wagen wir doch noch einmal einen praktischen Feldversuch und segnen. Wie bei den verschränkten Teilchen in der Physik ist alles, was einmal mit uns in Verbindung getreten ist, weiterhin mit uns verbunden. Dies sollte bedeuten: Wenn wir uns verändern, verändern wir auch die Welt, die uns umgibt.

Wir sind als Menschen miteinander verwoben, in einer Art Feld der unbeschränkten Möglichkeiten, das meist durch uns und unsere eigenen Vorstellungen eingeschränkt wird. Wenn uns dies bewusst wird, steht es allein in unserer Verantwortung, diese Fähigkeit zum Nutzen dieser Erde positiv einzusetzen.

Segnen ist damit eine grundsätzliche Fähigkeit eines jeden Menschen und gibt jedem von uns eine sehr eigenständige Mitverantwortung für unser Leben und wie wir es leben möchten. Beim Segnen nutzen wir die Möglichkeit, die uns allen als Mensch gegeben wurde, einfach zum Guten. Im Grunde geben wir das in die Welt hinaus, was wir in ihr erleben und erfahren möchten.

Um uns die innewohnende Kraft des Segnens zu verdeutlichen, lade ich nun zu folgendem Experiment ein.

 ÜBUNG: *Reis segnen*

Viele kennen bereits das Reis-Experiment von Masaru Emoto. Dabei kocht man eine kleine Menge Reis und füllt ihn in zwei verschiedene Marmeladengläser, deren Deckel durchlöchert werden, damit Luft hinzu kann. Dann beschriftet man Glas eins mit »Liebe« und Glas zwei mit »Hass«. Die beiden Gläser werden in der Küche auf der Anrichte platziert, wo man sie häufig sehen kann. Glas eins sendet man bei jedem Anschauen Liebe, Glas zwei dagegen Hass. Nach etwa einer

Woche wird der Reis in Glas eins trocknen, aber essbar bleiben. Der Reis in Glas zwei dagegen schimmelt und stinkt.

Für das Segnen wandeln wir dieses bekannte Experiment nun etwas ab. Wieder wird Reis wie oben gekocht, in zwei Gläser mit durchlöcherten Deckeln gegeben und beschriftet. Diesmal segnet man Glas eins und schickt bei jedem Betrachten positive Gedanken und Gefühle zu diesem Reis: »Ich segne dich mit Liebe. Ich lasse meine Liebe zu dir fließen. Ich segne dich mit Dankbarkeit, dass du mir als Nahrung dienst und mir meine Energie zum Leben schenkst.« Nach Emoto haben Liebe und Dankbarkeit die höchste Schwingung, wie er anhand von Wasserkristallen nachweisen konnte (Literatur siehe Anhang).

Glas zwei dagegen »segnet« man dann in entgegengesetzter Weise: »Na, du doofer Reis. Ich mag dich überhaupt nicht. Wie langweilig du doch schmeckst. Du hast mir noch nie geschmeckt. Ich gebe dir jede Abneigung, die ich habe.«

Wird diese Übung etwa eine Woche lang wiederholt, dann ist auch hier der liebevoll gesegnete Reis nur trocken, der abgelehnte Reis jedoch schimmelig geworden.

Beachtenswert ist hierbei, dass ich zum Segnen nicht unbedingt die Worte »ich segne« verwenden muss. Meine Absicht, den Reis mit Liebe oder Hass zu segnen, ist schon durch meine Wortwahl und meine Gefühle dem Reis gegenüber deutlich. Ich empfehle jedem, begleitend zur weiteren Lektüre dieses Buches,

wirklich dieses Experiment zu Hause durchzufüh-
ren, weil es unser tiefes Vertrauen stärkt, dass wir
uns selbst und die Welt um uns herum mit Segen
tatsächlich beeinflussen können.

Ein Seminarteilnehmer erzählte mir dazu, er habe
ein drittes Glas mit dazugenommen, das er als
»Nullprobe« gar nicht beschriftet hat. Er wollte
einfach ausprobieren, wie sich ein nicht beachteter
Reis verhält. Zu seinem Erstaunen schimmelte der
Reis in diesem Glas sogar am schnellsten! Gar keine
Aufmerksamkeit zu erhalten wirkt demnach am ne-
gativsten. Wir kennen dieses Verhalten ja auch von
Kindern, die lieber auffallen und stören, als unbe-
achtet zu bleiben.

Emoto berichtet auch von einem großflächigen Experiment, das zum Verständnis des Segnens große Bedeutung hat. Das Wasser eines Sees in Japan
war durch Umwelteinflüsse stark verschmutzt –
das zeigten zumindest die Kristalle des betreffenden Wassers. Mönche eines nahe gelegenen Klos-
ters meditierten daraufhin einige Wochen für diesen
See. Die bald darauf gezogenen Wasserproben zeigten sehr viel schönere und strukturiertere Kristall-
formen. Das Wasser war durch das Meditieren sau-
berer geworden.

Mittlerweile gibt es auf Sri Lanka sogar Reisbauern,
die bereits beim Anbau für den Reis beten und Segenssprüche einsetzen. Die Initiative geht auf Dr. Jayanath zurück, der fast vergessene und besonders

gesunde alte Reisarten wiederentdeckte und Bauern fand, die, seiner Anleitung folgend, den Reis liebevoll anbauen, bewässern und ernten. Der Reis wird während der gesamten Anbauzeit mit gesungenen Mantren und vielfältigen Ritualen gesegnet und energetisiert. Dieses landwirtschaftliche Projekt liefert erstaunlich hohe Ernten, was Dr. Jayanath darauf zurückführt, dass die Natur hier auf natürliche Weise behandelt wird und darum die Wertschätzung zurückgibt, die ihr beim Anbau entgegengebracht wird.

Ärzte verwenden diesen ganz besonderen Reis heute bereits, um Menschen zu vitalisieren, die unter Energiemangel leiden. Ganz allgemein fühlt man sich gestärkt und aktiver, wenn man diesen Reis zu sich genommen hat. Außerdem wird er als begleitende Maßnahme bei Krankheiten wie Diabetes, Rheuma oder Arthrose empfohlen. Seit 2012 ist dieser Reis auch in Deutschland erhältlich (siehe Anhang).

Mögen alle Menschen sich solch wunderbare Nahrung erlauben! Machen wir doch gleich für uns eine Übung daraus. Was hindert uns daran, selbst zu Hause auf diese Weise zu kochen und zu essen? Auch alle Hobbygärtner können in ihrem Garten die Samen und die keimenden Pflanzen während ihrer Arbeit über das Jahr segnen.

ÜBUNG: *Essen segnen*

Wenn du für dich oder deine Familie das nächste Mal Essen zubereitest, denk an diese Reisbauern und nimm dir ein Beispiel. Sei ganz achtsam beim Umgang mit den Lebensmitteln, egal, ob es Reis, Gemüse oder nur eine Fertigpizza ist. Nimm die Nahrungsmittel liebevoll in die Hände, streichle sie vielleicht und sende ihnen Liebe. Gern kannst du auch ein Mantra oder ein Lied dabei singen. Geh ganz in das Bewusstsein: »Ich segne dieses Essen.« Bleib in dieser Haltung während des gesamten Kochvorgangs.

Du kannst anschließend den Tisch in dieser wertschätzenden Weise decken, die Speisen auftragen und dann allein oder gemeinsam mit deiner Familie essen. »Mögen alle Menschen lernen, in dieser achtsamen Art ihre Nahrung zu kochen und zu essen.«

Wenn du in ein Restaurant gehst, kannst du in ähnlicher Weise achtsam jede Speise und jedes Getränk segnen. Gern kannst du dabei auch die Tische in der Nachbarschaft mit einschließen. Mögen alle Menschen damit beginnen, ihr Essen und das aller Menschen zu segnen!

Übrigens: Auf Sri Lanka lautet der Segen in Singhalesisch »Theruwane Sarenaim«, »Möget ihr gesegnet sein!«

Die Wunderkraft des Segnens

SEGNEN IST FREUDE. ES VITALISIERT MICH UND SCHENKT MIR ENERGIE FÜR DEN TAG. EIN REISEGERICHT, VON DEM ICH WEISS, DASS ES IN LIEBE UND VOLLER SEGNUNGEN ZUBEREITET WURDE, TUT MIR GANZ BESONDERS GUT UND IST FÜR MICH DAS BESTE, WAS ICH ALS NAHRUNGSMITTEL ZU MIR NEHMEN KANN. SEGNEN ENTWICKELT ERST DANN SEIN GANZES POTENZIAL, WENN ES TEIL MEINER TÄGLICHEN ABLÄUFE GEWORDEN IST. SEGNEN KANN ICH BEIM KOCHEN, PUTZEN, WASCHEN ODER BEIM AUFRÄUMEN. BESONDERS HILFREICH IST DAS SEGNEN, WENN ICH WARTEN MUSS, BEI DER BAHN ODER IM STAU. WAS HÄTTE ICH DANN GERADE BESSERES ZU TUN? ICH SEGNE! MIT WACHSENDER BEGEISTERUNG. DAS ALLEIN GENÜGT.

So macht erst die Liebe ganz reich,
sie füllt auf die Schätze im innen,
das Himmelstor öffnet sich gleich,
wenn Seelen zu teilen beginnen.

35

Segnen – wie geht das?

Die Liebe ist
wie ein großer Garten:
vielfältig, lebendig, fruchtbar,
voller Schönheit,
immer bereit und offen,
jeden neuen Gast zu empfangen,
der zu ihr findet.

Nun erfährst du, wie du mit dem Segnen beginnen kannst. Zuerst sind es deine guten Gedanken, die du zu einem Menschen sendest. Dann verbindest du dich mit deinem Herzen und lässt den Segen noch liebevoller werden. In diesem Kapitel biete ich dir vier Schritte zum Erlernen des Segnens an.

Schritt eins: Ich denke an einen Menschen und schicke ihm meinen Segen
Der erste Schritt des Segnens ist ganz einfach. Als Beispiel möchte ich von Katrin berichten, einer Freundin, die bereits selbst die wunderbare Wirkung des Segnens erleben durfte. Während eines Atlantikfluges hatte ihre Sitznachbarin, eine ältere Dame, plötzlich einen Herzanfall. Mitten über dem Meer war an eine Landung nicht zu denken. Die Dame musste wohl oder übel durchhalten. Ein Arzt war

leider nicht an Bord. Was nun? Katrin hatte die spontane Intuition, die Dame einfach zu halten und mit guten Gedanken zu segnen. Sie nahm sie in ihre Arme, streichelte ihre Stirn und segnete. Das allein gab Katrin Zuversicht und Kraft, sie wusste, es würde helfen. Die Dame spürte diese gute Energie und überlebte. Als nach Stunden die Landung endlich erfolgen konnte, bedankte sich die Dame sehr und meinte, Katrin hätte ein Wunder geschehen lassen. Auch das Flugpersonal war glücklich und schenkte ihr zum Dank zwei Flaschen Champagner.

Dieses Beispiel beschreibt sehr anschaulich den ersten Schritt des Segnens: Ich beginne einfach, es zu tun. Da ist ein Mensch in einem Notstand und ich möchte ihm beistehen. Ich schenke ihm eine Weile meine ungeteilte Aufmerksamkeit und schicke gute Gedanken hin zu ihm. Ist der Mensch in meiner unmittelbaren Nähe, schaue ich ihn dabei wohlwollend an. Das kann wie bei Katrin auch mit praktischen Handlungen einhergehen: reden, die Hand halten, streicheln. Schon das ist Segen genug. Die alte Dame fühlte sich umsorgt und allein dies trug viel dazu bei, dass sie überleben konnte. Genauso wirksam ist ein Segen, den ich vielleicht einem Menschen sende, der viele Kilometer entfernt ist. Dann erfolgt die Berührung nicht durch meine Hände, doch auch diese gute Absicht trägt über die Entfernung ihre wohltuenden Früchte.

Eine der schönsten Segnungen, die mir zugetragen

wurde, hat mit dem Straßenverkehr zu tun. Bei einem Workshop in Wien erzählte mir eine Teilnehmerin, sie habe mit Mitte zwanzig einen schweren Motorradunfall gehabt. Es stand damals auf der Kippe, ob sie ihr Bein behalten würde. Also machte sie einen Deal mit dem Universum: Sie versprach, den Rest ihres Lebens alle Motorradfahrer zu segnen, wenn sie ihr Bein behalten dürfte. Und so kam es dann auch. Heute segnet sie immer, wenn sie ein Zweirad sieht oder hört, indem sie innerlich spricht: »Mögen alle Motorradfahrer sicher und unfallfrei wieder zu Hause ankommen.« Sie ist sich sicher, dass sie dieser Absprache mit der Schöpfung verdankt, dass ihr das Bein erhalten geblieben ist. Sie hält ihr Gelübde ein und hat mir erzählt, dass ihr feierliches Versprechen rein gar keine Last für sie sei. Ganz im Gegenteil, sie fühle sich durch diese Aufgabe glücklich und tue es wirklich gern. Das Segnen hat ihr Leben nicht nur gerettet, sondern bereichert es noch heute.

Schritt zwei: Ich segne mental gleich mehrere oder alle Menschen

Auf der zweiten Ebene des Segnens weite ich meine Aufmerksamkeit und meinen Wunsch zur Hilfe auf alle Menschen aus. Wo ich vorher »nur« an einen Menschen dachte, richte ich meinen Zuspruch nun an die Gemeinschaft. Das können alle Motorradfahrer sein oder gleich alle Verkehrsteilnehmer. Ich kann alle Kinder segnen oder alle Hilflosen und Bedürftigen. Mein liebster Segen umfasst vorbehaltslos alle Menschen. Das geht auch ganz einfach, etwa in der allgemeinsten Form: »Ich segne alle Menschen. Ich lasse meinen Segen hin zur gesamten Menschheit fließen. Ich segne die Welt und ihre Bevölkerung.«

Hier kommt eine interessante Facette des Segnens ins Spiel: Wenn es mir gut geht, dann muss ich scheinbar ja nichts weiter tun. Geht es mir jedoch schlecht und ich weiß nicht weiter, dann erinnere ich mich an Gott oder den Himmel und sende meine Bitten und Gebete nach oben.

Offenbar nutzen wir diese uns eigentlich immer zur Verfügung stehenden Möglichkeiten normalerweise erst, wenn die Not am größten ist. Dann versprechen wir, ähnlich der genannten Motorradfahrerin, im Falle einer Genesung oder glücklichen Fügung jeden Tag drei Rosenkränze zu beten, nach Lourdes zu pilgern oder eben alle Motorradfahrer zu segnen. Ein wenig Druck scheint es schon zu brauchen, damit ich den Himmel um Hilfe bitte.

Das ist doch mehr als schade! Es ist in etwa vergleichbar damit, dass ich einen wunderbaren Schatz im Keller verborgen habe, den ich nur zu ganz wenigen Anlässen betrachte. Die meiste Zeit schlummert er in Vergessenheit und ich erfreue mich nicht an ihm, geschweige denn, dass ich ihn anderen Menschen zeige oder ihnen gar etwas davon abgeben würde. So ähnlich verhält es sich beim Segnen. Wir haben diesen Schatz immer zur Verfügung und wir sollten ihn nutzen, um uns selbst und anderen das Leben schöner zu machen.

Mit dem Segnen verhält es sich darum sinnbildlich wie mit meinem wunderschönsten Kleidungsstück: Es hängt unbeachtet in meinem Schrank und ich wollte es nur zu besonderen Anlässen anziehen. Als Rentner, gegen Ende meines Lebens, nehme ich es dann vielleicht bekümmert in die Hände und stelle fest, dass ich es niemals getragen habe. Jetzt, wo ich rückblickend auf mein Leben schaue, bedaure ich dieses Verhalten. Mit diesem Wissen würde ich dieses Kleid oder diesen Anzug von nun an jeden Tag tragen, könnte ich die Zeit nur zurückdrehen! Genauso sehnsüchtig wartet die Gabe des Segnens in meiner Kammer des Herzens auf mich. Es ist allein an mir, diesen Maßanzug anzuziehen. Vielleicht schon heute?

Schritt drei: Ich sende meine Liebe zu einem Menschen und segne ihn damit

Damit kommen wir zum dritten Schritt. Die beiden ersten Etappen auf dem Weg zum Segnen waren noch weitestgehend mental. Ich denke an einen oder alle Menschen und schicke ihnen einen geistigen Segen. Nun kommt das Herz dazu. Wir nähern uns langsam dem Kern des Segnens: Segnen lässt Liebe aus meinem Herzen fließen.

Um uns langsam zu steigern, üben wir doch diesen dritten Schritt zunächst mit einem Menschen. Such

dir deshalb bitte eine Person aus, die du ganz besonders gern hast.

ÜBUNG: *Meine Liebsten segnen*

Setz dich ganz bequem hin und schließe die Augen.
Denke an deinen Ehepartner, einen lieben Freund, die
Eltern oder dein Kind.
Stell dir diesen Menschen so genau wie möglich vor
deinem inneren Auge vor. Spüre deine Liebe für diese Person in dir.
Dann visualisiere, wie ein Strahl von Licht und Liebe
aus deinem Herzen zum Herzen dieses Menschen hin
fließt. Schenke dieser Person einige Minuten lang deine ganze Liebe und bedanke dich dafür, sie zu kennen
und um sie zu wissen.
Wie geht es dir damit, diesen Menschen mit Liebe zu
segnen? Wie fühlt es sich an?

Einen ähnlichen Segen durfte ich kürzlich während
der Hochzeit von Freunden sprechen. Mir wurde sogar die Ehre zuteil, das Brautpaar »zu trauen«. Das
Pärchen wollte im engsten Kreise der Familie seinen
Entschluss bekunden, den Rest seines Lebens gemeinsam zu verbringen. Ich durfte diese Zusammen-
kunft als Zeremonienmeister begleiten und leiten.
Sie hatten sich entschlossen, auf Ringe zu verzich-
ten. So legte ich bei der Zeremonie ein rotes Band
über ihre sich haltenden Hände und sprach den fol-

genden Segen für beide: »Liebes Brautpaar, so lasst uns die Trauung vollziehen. Saint-Exupéry sagte, Liebe bestehe nicht darin, dass man einander anblicke, sondern dass man gemeinsam in dieselbe Richtung schaue. So wünschen wir euch, dass ihr euer Ziel immer fest vor Augen haben werdet. Verbindet euch in euren Herzen und geht Seite an Seite durch dieses wunderbare Leben. Verbunden durch dieses wachsende, ewiglich sich erneuernde Band der Liebe.« Das ist die Aufgabe für uns alle im Leben.

Bevor wir nun zum vierten Segensschritt kommen, verstärken wir zunächst noch den Herzkontakt. Wie in den Übungen »Aus dem Herzen segnen« und »Liebe segnen« atme ich dabei aus dem Herzen ein und aus. Es braucht nicht unbedingt eine größere Gruppe, um die Liebe zu spüren, die in deinem Herzen auf dich wartet. Du kannst dir diese Erfahrung auch selbst schenken. Nutze für die nun folgende Übung die Abgeschiedenheit der frühen Morgen- oder der späten Abendstunden. Sei dabei möglichst ungestört und allein in deinem Raum.

 ÜBUNG: *Dein innerer Tempel*

Setze dich auf einen Stuhl oder dein Meditationskissen und atme langsam ein und aus.
Konzentriere dich nach etwa einer Minute auf den Atem: Mach einen tiefen Atemzug und halte nach

dem Ausatmen kurz inne, bis der Körper von sich aus nach dem nächsten Atemzug verlangt. Verfahre so einige Minuten lang.

Diese Methode des Atmens beruhigt den Herzschlag und entspannt dich. Du kommst so ganz bei dir und deinem Herzen an.

Nun leg bitte beide Hände auf deine Brust. Atme ganz normal und gleichmäßig und spüre die Wärme, die dabei in deinen Händen entsteht.

Lass nun ein Bild deines Herzens vor deinem inneren Auge entstehen. Ganz leicht, ohne dich anzustrengen, erscheint dir ein Raum, der sich in deinem Herzen befindet. Es ist die Kammer deines Herzens, dein innerer Tempel. Schau dich um, wie sehen die Wände aus, wie der Boden? Auf einem Tisch, der als Altar dient, steht ein Kerzenleuchter. Zünde ihn an und spüre, wie die Wärme in deinen Händen immer mehr zunimmt. Diese Wärme verbindet dich mit deinem Herzen und deinem heiligen Tempel darin. Sie ist ein Ausdruck der Liebe, die in diesem Tempel wohnt. Wie fühlst du dich jetzt? Beende die Übung nach etwa einer Viertelstunde.

Schritt vier: Ich segne viele oder alle Menschen mit meiner Liebe

Als vierten Schritt des Segnens schließen wir nun viele Menschen in unseren Zuspruch aus dem Herzen ein. Dabei kannst du eine kleine Gruppe auswählen, etwa deine Freunde, deine Familie oder dein Dorf. Experimentiere dann auch mit noch mehr Personen und vielleicht gelingt es dir ja sogar, alle Menschen bei diesem Segen mit einzuschließen.

Wir intensivieren die Liebe im Herzen, indem wir zum Atem die Visualisierung von Licht mit hinzunehmen.

ÜBUNG: *Liebe atmen*

Setz dich dazu wieder an einen ungestörten Platz und atme natürlich ein und aus.

Lege beide Hände auf deine Brust und spüre die Wärme.

Kehre wieder in deinen Tempel zurück.

Entzünde nun bei jedem Atemzug immer neue Kerzen auf dem Altar, bis dein Herzensraum in hellem Licht erstrahlt. Spüre die große angenehme Wärme als Zeichen der Liebe, die du in dir entzündet hast.

Atme jetzt wieder ganz bewusst ein und aus. Stell dir dabei vor, langsam und behutsam deinen Atem auch in dein Herz zu lenken. (Du atmest natürlich weiterhin in deine Lunge, doch stell dir vor, gleichzeitig auch in dein Herz zu atmen.)

Lenke deinen Atem nun sachte und vorsichtig in deinen Tempel, in dem die Kerzen brennen. Er weht durch den Raum langsam hindurch und wird dabei zu einem milden, angenehmen Windhauch.

Atme diesen warmen Wind achtsam aus. Spüre, wie deine Atemwege und deine Nase dabei langsam immer wärmer werden.

Nimm wahr, wie beim Ausatmen deine Umgebung, in der du sitzt, immer wärmer und angenehmer wird.

Stell dir vor, du hüllst dich mit diesem warmen Wind

bei jedem Atemzug immer mehr ein. Wie fühlt es sich an, ganz mit deiner Liebe verbunden zu sein?

Nun stell dir die Personen vor, die du jetzt segnen möchtest. Visualisiere, wie der warme Atem deiner Liebe auch zu dieser Menschengruppe fließt. Atme weiter in dein Herz, lass den Atem wärmer werden in seinem Tempel und segne: »Ich sende den Atem der Liebe zu diesen Menschen. Ich schließe diese Menschen in meinen Liebesatem ein. Ich segne meine Familie, mein Dorf oder alle meine Freunde mit meiner Liebe.«

Beende diese Übung nach etwa einer Viertelstunde.

Mithilfe dieser Übungen kannst du das Segnen in den besprochenen vier Schritten üben. Weitere von mir gesprochene Übungen für einen besseren Herzkontakt findest du als mp3-Dateien im Internet (siehe Anhang).

Jetzt denkst du vielleicht: »Ach, ich kann das doch gar nicht. Ich spüre einfach nichts.« Seit vielen Jahren darf ich Menschen auf dem Weg in ihr Herz begleiten und mir sind wirklich alle Einwände dieser Art bestens bekannt. Meist stehen dahinter alte Glaubenssätze wie: »Ich bin nichts wert.« Doch selbst solche festen Vorstellungen von mir selbst kann ich durch Zuhilfenahme des Segnens umkehren und heilen. Wir kommen später im Kapitel »Befreiung von alten Glaubenssätzen« ausführlich darauf zurück.

Außerdem denken wir nicht nur schlecht über uns, sondern wir fühlen uns entsprechend auch schlecht.

Das schlechte Gefühl, das mit dem immer wieder-
kehrenden Satz »Ich bin wertlos« einhergeht, kann
ich ebenfalls durch Segnen verändern. Darauf gehe
ich in den Kapiteln »Vom Segen der Gefühle« und
»Geld und Beruf« noch genauer ein.

Das Segnen hat eine geistige und eine emotionale
Komponente. Schritte eins und zwei drehen sich um
das Denken, die nächsten beiden um das Fühlen:

1. Ich denke an einen Menschen und schicke ihm
   meinen Segen.
2. Ich segne mental gleich mehrere oder alle Menschen.
3. Ich sende meine Liebe zu einem Menschen und
   segne ihn damit.
4. Ich segne viele oder alle Menschen mit meiner
   Liebe.

Ist mir das Segnen so richtig in Fleisch und Blut übergegangen, dann finde ich immer häufiger Gelegenheiten dazu. Gern verdeutliche ich das mit weiteren
Beispielen. Während meiner Zeit im buddhistischen
Tempel in der Nähe von Düsseldorf hat uns die ko-
reanische Nonne vor der Heimfahrt immer dazu
animiert, mit dem Segen von »Hanmaum« zu fahren. »Han« bedeutet »ein« und »Maum« »Herz«.
Hanmaum bedeutet in etwa, mit dem Segen des be-
schützenden »Einen Herzens« zu reisen. Dies steht
in der Tradition vieler alter Reisesegenssprüche auch

anderer Kulturen, von dem auch unser Gruß »Gute Reise« abstammt. In früheren Jahrhunderten waren Reisen noch mit sehr viel mehr Mühen und Gefahren verbunden als heute, so lag es damals nahe, den Reisenden einer höheren Instanz anzuvertrauen. Etwa durch die Worte »Gott befohlen«.

Besonders schöne Segenssprüche für alle Gelegenheiten stammen übrigens aus Irland. Für eine Reise, die hier auch als Lebensreise gemeint ist, segnen die Iren seit altersher:

Möge Gott auf dem Weg,
den du vor dir hast, vor dir hergehen.
Das ist mein Wunsch für deine Lebensreise.
Mögest du die hellen Fußstapfen des Glücks finden
und ihnen auf dem ganzen Weg folgen.

Mein Vater bedankte sich immer bei seinem treuen Auto am Ende einer langen Reise. Ich habe dies von ihm übernommen und wünsche und segne etwa vor einer längeren Vortragsreise die gute Anreise, zufriedene Seminarteilnehmer, ein für alle unterhaltsames und fruchtbares Seminar, eine gute Zeit für meine Kinder während meiner Abwesenheit: »Mögen alle, die zum Seminar kommen, eine gute Anreise haben. Möge das Seminar zufriedenstellend und eine Bereicherung für alle sein. Möge der Seminarort für alle Teilnehmer eine Wohltat sein und auch die Heimreise angenehm und reibungslos verlaufen. Mögen auch meine Kinder es während meiner Abwesenheit gut haben – oder sich am Seminarort einigermaßen gut benehmen.«

Genauso kann ich einen wichtigen Termin vorher segnen, damit ein guter Ausgang für alle Beteiligten erfolgt. Danach kann ich einen Danksegen sprechen, wenn die Aufgabe erfolgreich verlaufen ist. Solch ein Termin könnte beispielsweise ein Vorstellungsgespräch beim neuen Arbeitgeber sein, ein erstes Date oder eine Aussprache mit einem Menschen, mit dem ich gerade zerstritten bin. Es könnte ein Arztbesuch sein, ein Bühnenauftritt oder ein Coaching, bei dem ich einem anderen Menschen als Ratgeber fungiere. Jede scheinbar heikle und schwierige Situation, in die ich mich begeben möchte, kann ich vorher segnen und um den Beistand der himmlischen Mächte bitten.

Wer Freude hat, kann das Segnen zu bestimmten Tageszeiten ritualisieren und dabei eine Kerze entzünden, um eine heimelige und angenehme Atmosphäre zu schaffen. Ich habe selbst häufig eine Kerze auf einem Altar brennen, wenn ich zu Hause bin. Das ist jedoch keinesfalls ein Muss. Jeder darf sich selbst die Umgebung gewähren, die beim Segnen angenehm erscheint.

Mir ist es eine besondere Freude, beim Segnen in die Natur zu gehen. Ich erlebe das Grün des Waldes und die Weite der Felder als sehr wohltuend und segne dann bei jedem Schritt, was mir einfällt. »Möge der

Wald allen Menschen seine Ruhe und seinen Frieden lehren. Möge das Feld allen Menschen zeigen, wie leicht und einfach Wachstum sein kann. Möge der Regen eine Wohltat für alles Lebendige sein. Und mögen alle Lebewesen genügend zu essen und zu trinken erhalten.«

·············· *Die Wunderkraft des Segnens* ··············

SEGNEN IST ANTEILNAHME. ES IST WIRKLICH SO EINFACH. WO IMMER ICH MITGEFÜHL ZEIGE UND HILFE ANBIETE, WO ICH JEMANDEM GELD SCHENKE ODER KLEIDUNG SPENDE, WO ICH JEMANDEN BESCHÜTZE ODER VERTEIDIGE, DA WIRKE ICH SEGNEND. EIGENTLICH BEDARF ES DAZU GAR KEINER TECHNIK. ALLES, WAS ICH DAZU TUN MUSS, HABE ICH IMMER DABEI: EIN OFFENES, MITFÜHLENDES HERZ UND EINEN WACHSAMEN, BEWUSSTEN VERSTAND.

*Fürs Herz war und ist
das Jetzt immer gut,
weil es niemals misst
und Unrechtes tut.*

Das Segensbändchen
mit großer Wirkung

Die Liebe ist
wie ein Strudel im Wasser:
Sie reißt mit und lehrt, loszulassen,
sie bringt dich nach unten und verwandelt,
sie lässt dich wiederauferstehen und
schenkt dich der Welt dann ganz neu.

Die beste Methode, mit dem Segnen zu beginnen, ist in dem Bändchen verborgen, das diesem Buch beiliegt. Ich habe es »Segensbändchen« getauft. Du trägst es am Handgelenk, um dich jederzeit zu erinnern: »Ach ja, jetzt könnte ich auch segnen.« So ganz nebenbei machst du beim Arbeiten mit diesem Band auch Bekanntschaft mit deinem inneren Schweinehund. Aber sei beruhigt, er wird dir mithilfe dieses Segensbändchens schon bald aus der Hand fressen.

Bevor ich die Fähigkeit zu segnen wirklich ganz beherzigen und klar anwenden kann, mache ich wahrscheinlich zunächst Bekanntschaft mit einer gegenteiligen Tendenz in mir: nämlich gegen die Dinge in meinem Leben anzukämpfen und zu rebellieren. Denn seien wir doch mal ehrlich: Wir sind mit sehr vielen Umständen unseres Lebens unzufrieden. »Mein Chef schätzt mich nicht genug.« – »Mein Mann könnte netter zu mir sein.« – »Das Ausfüllen meiner Steuererklärung ist eine einzige Quälerei.« So oder so ähnlich denken wir doch zumeist den lieben langen Tag vor uns hin. Mit anderen Worten: Wir geben sehr viel Aufmerksamkeit genau den Dingen, die wir gerade nicht wollen. Und wie bei einem Luftballon, den ich aufblase, fließt so immer mehr von meiner Energie in die abgelehnte Sache hinein.

Erstens: Was für eine Verschwendung meiner Bewusstseins- und Lebenskraft! Viel wichtiger aber zweitens: Durch meine Ablehnungen, die ich zweifelsohne habe, »segne«, also erschaffe ich die ganze Zeit, was ich gerade nicht will. Meine Ablehnungen laden genau das zu mir nach Hause ein, was ich so begeistert und intensiv beklage.

Der erste wichtige Schritt ist deshalb, dies überhaupt wahrzunehmen. Denn nur wenn mir bewusst ist, was ich da tue, kann ich die Situation verändern.

Wäre es nicht viel sinnvoller, das zu segnen, was ich wirklich will?

Dabei ist uns das »Segensbändchen«, das diesem Buch beiliegt, eine große Hilfe. Hier seine Gebrauchsanweisung. (Zu Risiken und Nebenwirkungen fragen Sie Ihren Arzt oder Apotheker – kleiner Scherz.)

Das Bändchen ist eine Selbstverpflichtung. Wenn

du das Band an dein Armgelenk legst, nimmst du dir vor, mit dem Schimpfen und Klagen aufzuhören und stattdessen zu segnen und bewusst das zu benennen, was du ins Leben holen möchtest. Wenn du also merkst, wie du dich ärgerst und sogar mit Worten über einen deiner Meinung nach vorliegenden Missstand aufregst, stell dir mithilfe des Segensbändchens die Frage: »Okay, also das stört mich. So will ich das nicht. Da bin ich dagegen. Was aber genau will ich denn eigentlich? Wäre es nicht viel sinnvoller, stattdessen in diese gewünschte Sache meine Energie zu lenken?« Genau das, was du bei dieser Frage entdeckst, das segnest du dann – anstatt zu schimpfen. So ziehst du von jetzt an das in dein Leben, was du wirklich möchtest!

Die drei geschilderten Situationen am Anfang dieses Kapitels könntest du beispielsweise wie folgt segnen: »Mögen alle Chefs gerechter mit ihren Mitarbeitern umgehen. Mögen alle Ehemänner aufmerksamer sein und ihren Frauen häufiger eine Freude machen. Möge die Steuererklärung einfacher und in fünf Minuten auszufüllen sein.« Beim Erfinden von Segnungen sind deiner Kreativität keine Grenzen gesetzt! Es geht hier ganz bestimmt nicht um »richtig« oder »falsch«. Jeder Schritt, den du in Richtung Segnen gehst, ist auf alle Fälle viel besser für dich und deine Lebensumstände, als wie bisher nur zu klagen.

Ganz praktisch ist dieses Bändchen eine Einladung zum Segnen. Wann immer du meckerst, ohne zu seg-

nen, wechselst du das Bändchen auf das andere Armgelenk – und beginnst getrost von vorn. Das Ziel ist,
am Ende durchgehend drei Wochen lang mit dem
Schimpfen und Jammern aufzuhören und stattdessen einen Segen auszusprechen. Wohlgemerkt, be-
troffen sind nur die Klagen, die man ausspricht. Gedanken sind und bleiben frei.

Es hat sich gezeigt, dass es völlig ausreichend ist, deinen Fokus nur auf das wirklich ausgesprochene Jammern zu lenken. Die Gedanken folgen deinen Worten,
denn, kleines Geheimnis: Du hörst dir selbst beim
Sprechen immer zu. Das Band unterbricht diese Endlosschleife, in der du nur aussprichst, was du gerade
denkst, und dann wieder denkst, was du eben erst
gesprochen hast. Das bringt uns keinen Deut weiter.
Segen, die du aussprichst, hörst du glücklicherwei-
se auch immer selbst. Und über die Zeit von drei
Wochen werden dann im Gehirn neue »Datenauto-
bahnen« gebaut, die deinem neuen Reden entspre-
chen. Die alten Synapsen des Klagens und Schimp-
fens verkümmern und dein Gehirn bildet sich von
Grund auf neu.

Das Segensbändchen erinnert dich deshalb ständig
an deine positive Ausrichtung und hat es insofern
ganz schön in sich. Es lohnt sich darum, wirklich
ernsthaft zu versuchen, die gewünschten drei Wochen durchzuhalten. Schummeln gilt dabei natürlich nicht! Als Daumenregel für alle Schlaumeier, die
auch vor sich selbst ihr Schimpfen durch Ausreden

verheimlichen wollen, sei gesagt: »Wenn du dich schon fragen musst, war das nun geschimpft, dann war es das. Bändchen bitte wechseln!«

Auch die tollsten Ausreden nützen nichts, denn das Universum hört dir immer zu. Flunkereien merkt es sofort.

Hier am besten gleich ein paar andere Beispiele.

Die doofe Ampel ist viel zu lange rot! »Mögen alle Ampeln ausreichend lange rot oder grün bleiben, um einen flüssigen Verkehrsstrom zu gewährleisten.«

Dieser Autofahrer ist ein Trottel! »Mögen alle Autofahrer achtsam und rücksichtvoll gegenüber den anderen Verkehrsteilnehmern sein!« (Man selbst also bitte auch!)

Frau Merkel hat doch gar keine Ahnung vom Regierungsgeschäft! »Mögen alle Politiker ihr Bestes geben, zum Wohle der Gemeinschaft!«

Am Beispiel des Bändchens soll deutlich werden: Wir können nicht nicht-segnen. Bereits durch unsere »Beobachtung« nehmen wir Einfluss auf das Geschehen in unserer Umwelt. Sehen wir eine komplizierte Steuererklärung und ärgern uns darüber, segnen wir im Grunde unbewusst, dass sie so bleibt und noch komplizierter wird. Denn wir sehen: »Steuererklärung und kompliziert« und machen diesen Zusammenhang damit noch stärker.

Ablehnung gibt sehr viel Energie in das, was abgelehnt wird, und hält es genau in dieser Form am Leben. Ablehnung ist damit eine unbewusste Bestellung (darauf bin ich in meinem letzten Buch »Bestellung nicht angekommen« ausführlich eingegangen).

Warum also nicht uns unserer Schaffenskraft bewusster werden und den Zauberstab auspacken? Wenn wir sowieso andauernd Einfluss nehmen auf die Umstände durch unsere Haltung ihnen gegenüber, warum dann nicht gleich einen, der uns und anderen guttut? Die Steuererklärung nervt mich? Okay; aber ich gehe einen Schritt weiter: Was soll anders sein, in der Zukunft? Was hältst du von den neuen Formulierungen »Mögen alle Formulare einfach und verständlich sein. Mögen es immer weniger Formulare werden. Mögen alle Menschen Freude haben beim Ausfüllen ihrer Steuer. Möge das ganze Steuersystem sich vereinfachen.« Merkst du, wie viel Spaß es macht, positiv an einer besseren Zukunft mitzuwirken? Merkst du auch, wie anders sich das für dich selbst anfühlt? Das ist doch tausendmal besser als das bisherige Schimpfen und Klagen. Allein schon die Freude an diesem Segens-Spiel hat wundersamen Einfluss hin zu einer Veränderung zum Besseren.

Das Segensbändchen ist übrigens eine Weiterführrung des »Bowen-Bändchens«, das ich in meinem Buch »Das Wunder der Dankbarkeit« vorgestellt habe. Ich habe es damals verwendet, um einen ersten Schritt hin zur Dankbarkeit zu ermöglichen. Denn, wenn wir ehrlich zu uns sind, dann ist Schimpfen und Klagen doch nichts anderes als Undankbarkeit.

Beim Bowen-Bändchen macht man sich seine Abneigungen bewusst. Hier wechselt man das Armband, wann immer man verbal klagt. Das Segensbändchen ist eine Idee von mir, die dies aufgreift. (Ich hatte mir übrigens gewünscht, ein eigenes Bändchen zu erfinden, hier ist es nun!)

Am Anfang der segensreichen Prozedur des Bändchens steht die Erkenntnis, dass man oft in einem negativen Zustand verfangen ist. Indem ich einfach den Fokus auf dieses Fehlverhalten lege, sehe ich es erstmals wirklich an. Und dabei kann ich dann manchmal sogar entdecken, welche wunderschönen Blüten mir das eigene Verhalten schenkt.

Eine Freundin von mir überzeugte kürzlich die Belegschaft eines ganzen Baumarktes, in dem sie arbeitet, davon, das Bändchen zu tragen. Am ersten Tag kam ihre Kollegin wutschnaubend auf sie zugerannt und rief: »Und wegen dem blöden Kunden muss ich nun mein Bändchen wechseln!« Tja, das mit dem Segnen wollte wohl anfangs noch nicht so recht gelingen!

Man könnte schon allein die Verwendung des Bändchens als Segen für mich und meine Umwelt bezeichnen. Viele kleine und große Wunder wurden mir von Menschen berichtet: Beziehungen klärten und verbesserten sich, eine Baseballmannschaft gewann gar die Meisterschaft, nachdem sie sich das Band zur Heilung ihrer mangelnden Teamfähigkeit »verschrieben« hatte. Gerade im Berufsleben wird ja viel zu viel Energie in die internen Kämpfe gegen die Chefs oder auch zwischen den Kollegen gegeben, die dann für die Ziele und Belange der Firma leider nicht mehr zur Verfügung steht. In manchen Firmen wurde darum mithilfe des Bändchens der »Montag ohne Meckern« eingeführt. Wer etwas zu beklagen hat, muss also bis Dienstag warten – und lässt es dann vielleicht schon ganz.

Oft sind Klagen ja nur Momentaufnahmen und entspringen einer Laune. Der »Montag ohne Meckern« erinnert mich darum an den Ausspruch von Altbundeskanzler Adenauer: »Was interessiert mich mein Geschwätz von gestern?«

Das Segensbändchen verhilft uns im ersten Schritt, mit dem Jammern und Klagen aufzuhören. Wenn das geschafft ist, könntest du anschließend als zweiten Schritt mit dem Segnen beginnen.

Genauso gut kannst du auch sofort mit dem Segnen beginnen und bei jeder Ablehnung entdecken, was du denn eigentlich möchtest. Und das segnest du dann.

In der Praxis hat es sich sogar bewährt, parallel beide Schienen zu fahren, denn das Nachdenken darüber, was du wirklich möchtest, lenkt dich ganz prima vom Impuls ab, zu schimpfen! Der Kopf ist dann mit etwas Besserem beschäftigt. Und ich verrate dir eines: Das ist das Geheimnis von glücklichen Menschen!

Die Segnungen, die dir im Laufe der Zeit zuteilwerden, überzeugen dich sicher bald, wie sinnvoll die Arbeit mit dem Bändchen ist. Du kommst deinen Ablehnungen immer mehr auf die Schliche und überwindest sie mehr und mehr.

In meinen Seminaren ist beim Thema Ablehnung immer wieder ein viel diskutierter Punkt vor allem die Frage, ob ich nicht mehr »Nein« sagen darf, wenn ich mit dem Segensbändchen arbeiten will. Ist »Neinsagen« immer gleichbedeutend damit, gegen etwas zu sein und es somit abzulehnen? Wo darf ich »Nein« sagen und wo sollte ich lernen, aus meiner Ablehnung auszusteigen?

Zunächst einmal ist der einfache Ausspruch »Nein« nicht immer sofort eine Ablehnung. Da kommt es schon sehr auf den Tonfall an. Ich kann dieses Wort mit tiefsitzender innerer Ablehnung aussprechen, im Sinne von: »Auf gar keinen Fall. Was fällt dir ein, so mit mir zu reden!« Es ist jedoch genauso möglich, es voller Liebe im Herzen auszusprechen, etwa meinem Kind gegenüber, wenn es etwas möchte. »Du hast morgen zum ersten Mal nach den Sommerferien wieder Schule. Darum darfst du heute leider nicht mehr so lange aufbleiben wie in den Ferien!« Zwischen diesen beiden Polen extremer Ablehnung und liebevoller Grenzziehung sind alle Nuancen in der individuellen Betonung des Wörtchens »Nein« möglich.

Doch gehen wir ruhig noch etwas tiefer auf die Bedeutung des Wörtchens »Nein« ein. Ganz oft ist ein

Nein zu dir ein Ja zu mir! Denn wenn ich mich selbst mehr spüre, dann kann ich erkennen, was jetzt in genau diesem Moment gut für mich ist. Dann wage ich vielleicht sogar, einer guten Freundin zu sagen, dass ich heute zu müde bin, um noch am Abend mit ihr shoppen zu gehen. Oder ich vertröste meine Kinder auf morgen und fahre erst dann mit ihnen in den Freizeitpark. »Nein« verstehe ich als gesunden Ausdruck meiner wachsenden Selbstliebe. Dadurch komme ich in immer bessere Verbindung zu mir, werde achtsamer, halte öfter auch einmal im Tagestrott inne und frage mich: »Wie fühlt sich das gerade an?« – »Was würde mir jetzt guttun?« – »Woran hätte ich jetzt die meiste Freude?« Im Wahrnehmen der eigenen Bedürfnisse merke ich plötzlich, was mir genau in diesem Moment gerade guttun würde – und ich handle auch dementsprechend.

Selbstliebe lässt mich mehr Verantwortung für mich selbst übernehmen. »Nein« ist nur ein Ausdruck dessen. Ich werde authentischer meiner Umwelt gegenüber und wage es, mehr zu mir zu stehen. »Nein« kann darum auch bedeuten: »Schau her, so bin ich.« Früher hätte ich sicher fast zu allem Ja und Amen gesagt, hätte jedoch unter dieser permanenten Überforderung gelitten, die mich fast schon gezwungen hat, immer nur lieb und nett zu allen zu sein – nur eben nicht zu mir; ich selbst blieb bei diesem Verhalten auf der Strecke.

Das Segensbändchen macht mir in der ersten Phase

sehr bewusst, wo ich durch mein Klagen und Jammern noch Dinge in meinem Leben ablehne. Ich nehme klarer wahr, wie sehr ich mich durch meine Ablehnungen selbst einschränke und mir selbst nicht guttue. Die Verpflichtung, die ich mit mir selbst durch das Tragen des Bändchens eingehe, stellt sich längerfristig als Akt der Selbstliebe heraus. Ich erkenne, wo ich ablehne, und wachse langsam darüber hinaus. Statt wie bisher nur passiv zu bleiben und damit den Dingen in meinem Leben Energie zu schenken, die ich doch eigentlich gar nicht will, fange ich an, häufiger aktiv zu werden. Statt im Opferdasein hängen zu bleiben und meine Energie und Tatkraft sinnlos in das Abgelehnte zu verschleudern, spare ich meine Kraft und bekomme plötzlich viel mehr Elan, mein Leben produktiv zu gestalten und in neuen Richtungen zu lenken. Statt nur scheinbar etwas zu »tun«, wenn ich schimpfe, und so im Sumpf des Jammerns stecken zu bleiben, tue ich nun wirklich etwas. Ein häufiger von mir verwendetes »Nein« zeigt mir dann auch meine Selbstverantwortung als Zeichen meiner Selbstliebe.

Oft reden wir nur darüber, dass wir etwas verändern wollen und wie wir etwas ändern könnten. Meist bleibt dann jedoch alles beim Alten und die gute Absicht verliert sich bald. In Bayern nennen wir dieses Verhalten recht typisch »Dampfplaudern«. Im Englischen gibt es dazu den schönen Ausspruch: »You can talk the talk. And you can talk the walk. But finally you have to walk the walk.« (Du kannst die Rede reden und auch über den Weg reden, letztlich ist jedoch entscheidend, den Weg auch tatsächlich zu gehen.)

Die Arbeit mit dem Segensbändchen muss nicht gleichbedeutend damit sein, alles und jeden in meinem Leben nur noch zu segnen. Manchmal ist es hilfreich, daneben auch noch ganz pragmatisch zu handeln. Wenn beispielsweise mein Wasserhahn tropft, ist es vielleicht weniger sinnvoll, die gute und schnelle Arbeitserledigung aller Monteure zu segnen. Dann ist es sicher besser, einen Klempner anzurufen und einen Termin auszumachen oder den Wasserhahn selbst zu reparieren. Ich kann auch segnen, dass alle Menschen rücksichtvoll miteinander umgehen sollen und den Besitz des anderen wertschätzen. Dennoch schließe ich am Abend meine Tür zu. Der Dalai Lama bringt es sehr treffend mit seiner Aussage auf den Punkt: »Vertraue auf Gott, aber binde dein Pferd an.«

Segnen nimmt mir nicht die Verantwortung ab, die ich als Mensch in mir trage, sondern macht sie mir stattdessen noch deutlicher bewusst. Wenn ich etwas ablehne und mithilfe des Segensbändchens erkenne, was ich darauf bezogen gern in meinem Leben anders machen würde, dann segne ich vielleicht die Lehrer in der Schule meiner Kinder, dass sie den zu lernenden Schulstoff pädagogisch wertvoll an meine

Kinder vermitteln sollen. Gleichzeitig werde ich in einem Elterngespräch auch die aus meiner Sicht zu verbessernden Bereiche des Unterrichts ansprechen. Dann lehne ich nicht die Lehrer oder gleich die ganze Schule ab, sondern nutze meine Kraft ganz sinngebend dazu, auf einen Missstand verbessernd einzuwirken.

Segnen heißt nicht, dass wir nur noch leicht heilig durch die Welt schweben und uns der Realität enthoben fühlen. Segnen soll uns stattdessen wirklich auf die Welt bringen, ins bewusste Wahrnehmen der Wirklichkeit. Wenn mich etwas stört, dann spreche ich es an. Sehe ich, dass etwas zu tun ist, dann handle ich.

Ein Beispiel von Eckhart Tolle ist die kalte Suppe im Restaurant. Serviert der Ober mir eine solche, dann könnte ich natürlich reflexartig wie immer darüber klagen und den Kellner zur Schnecke machen. Tolle empfiehlt aber stattdessen ein Vorgehen in drei Schritten, die auch der Gewaltfreien Kommunikation (GFK) zugrunde liegen:

1. Eindeutige Beschreibung des Tatbestandes: »Herr Ober, diese Suppe ist kalt!«
2. Klare Formulierung des Bedürfnisses: »Ich würde gerne eine warme Suppe essen!«
3. Abschließende Äußerung des Wunsches: »Bitte bringen Sie mir doch eine warme Suppe!«

Hier ist weit und breit keine Klage zu entdecken. (Aber Vorsicht, immer auf den Tonfall achten!) Ich bleibe ganz bei mir und schildere den Tatbestand, meine Bedürfnisse und den nachzuvollziehenden Wunsch, als Gast in einem Lokal eine warme Suppe serviert zu bekommen. Übrigens ist auch in diesem Beispiel ein »Nein« versteckt, nämlich: »Nein, ich bin nicht hierhergekommen, um eine kalte Suppe zu essen.« Wieder lässt sich dieses Nein als Ausdruck meiner Selbstliebe interpretieren.

ÜBUNG: *Das Segensbändchen*

Zusammengefasst funktioniert diese Selbstverpflichtung wie folgt: Ich ziehe dieses Band über mein Handgelenk und gelobe feierlich, drei Wochen nicht in Worten zu jammern und zu klagen. Statt zu schimpfen, frage ich mich: »Was möchte ich denn wirklich stattdessen?« Dieses Bedürfnis segne ich dann.

Wenn ich einmal schimpfe oder das Segnen vergessen, wechsle ich das Bändchen an den anderen Arm. Wenn ich drei Wochen das Band an einem Arm getragen habe, ist das Ziel erreicht.

Was ich mir mühevoll mithilfe des Armbandes antrainieren musste, wird nun zu einer Gewohnheit: Segnen wird Teil meines Verhaltens, ohne dass ich mich darum noch kümmern muss. Im Durchschnitt braucht man bis zu diesem Ziel vier bis fünf Monate.

Ich segne bewusst, was ich anders haben möchte. Jedes Mal, wenn mich etwas stört und ich darüber reden

63

möchte, halte ich inne und überlege mir einen passenden Segensspruch.

Natürlich darfst du auch noch nachträglich einen Segen sprechen, wenn du doch mal wieder geschimpft hast. Das schadet sicher nicht, oder?

Die Wunderkraft des Segnens

SEGNEN IST PRAKTIZIERTER SELBSTWERT. ICH HÖRE MIT DEM SCHIMPFEN AUF UND ERKENNE, WIE NEGATIV SEINE AUSWIRKUNGEN AUF MICH UND MEINE UMWELT SIND. STATTDESSEN FRAGE ICH MICH: WAS MÖCHTE ICH DENN WIRKLICH? JE MEHR ICH DIES DURCH DAS SEGENSBÄNDCHEN ERKENNE, DESTO KLARER WIRD MIR, WAS MICH STÖRT UND WAS ICH IN MEINEM LEBEN ÄNDERN MÖCHTE. DAS SEGNEN ZIEHT WEITERE SEGEN NACH SICH.

Und wer auch immer Liebe sucht,
der sucht doch immer sich,
wer liebt, hat eine Fahrt gebucht,
zu seinem tiefsten Ich.

Schöpfer sein

Die Liebe ist
wie ein milder Regen:
Sie belebt, bewässert und schenkt Kraft.
Sie dringt in jede Zelle, jede Ritze
und verschenkt sich demütig,
ganz ohne einen Dank zu fordern.

In der Religion spielt das Segnen natürlich eine besonders große Rolle. Nach christlichem Glauben schenkt Gott schon beim Schöpfungsakt dem Menschen seinen Segen. Beim Segnen geben wir dieses Geschenk nun weiter. Wir lassen ihn durch uns fließen, lassen ihm jedoch seine Entfaltung. Es ist der Wille der Schöpfung, der beim Segnen wirkt.

Segnen ist Teil unserer Kultur und vor allem im Christentum ein zutiefst religiöser Akt. Aus diesem Kontext heraus wird deutlich, dass das Segnen über uns als Individuen weit hinausreicht und uns in Verbindung bringt mit etwas Größerem als uns selbst.

Das Alte Testament beschreibt in der Genesis, wie Gott die Menschen nach ihrer Schöpfung segnet: »Und Gott segnete sie [Mann und Frau] und sagte zu ihnen: Seid fruchtbar und mehret euch.« (Genesis 1,28) In der christlichen Deutung wird der Mensch damit selbst zu einem Segensträger. Im Vorgang des Segnens ist somit eine Art Einweihung oder Kraft-übertragung enthalten: Der Segen Gottes überträgt sich im Segensakt auch auf den Gesegneten, den Menschen. Ein Mensch, der segnet, gibt also beim Segnen nicht den eigenen, sondern sinnbildlich »Gottes Segen« weiter. Im Grunde stellt sich der Mensch, der einen Segen gibt oder, genauer gesagt, weitergibt, als Kanal dieses göttlichen Segens zur Verfügung.

Dies ist ein sehr wichtiger Punkt, denn im Segnen ist demnach etwas weit Größeres enthalten, was wir in diesem Moment weitergeben, größer, als wir selbst es sind. Es ist wie ein Geschenk, das wir als Menschen von Geburt an mitbekommen haben und das wir in diesem Prozess des Segnens weiterschenken.

Der Segen ermächtigt uns dazu, denn, wie oben beschrieben, sagt die Genesis an diesem Punkt, dass dieser Segen verbunden ist mit »Seid fruchtbar und mehret euch«. Im ersten Segen enthalten ist somit die Fähigkeit, selbst neues Leben zu schenken, also die Erschaffungskraft selbst. Wenn wir segnen, erschaffen wir dabei. Jedoch nicht aus eigener Kraft, sondern durch die uns von Gott, der Schöpfung, geschenkte neue Fähigkeit als Mensch.

Das Segnen geht über mich als Menschen weit hinaus, befähigt mich, als eine Art Kanal zu wirken, der im Auftrag der Schöpfung immerfort tätig ist, um die Schöpfung weiterzuführen. Es liegt an uns, wie wir diese Kraft nutzen und einsetzen möchten.

Ähnliches entdeckt auch die moderne Wissenschaft zurzeit. Erwähnt habe ich den Versuchsleitereffekt, bei dem der Experimentator allein schon durch seine Erwartungshaltung entscheidenden Einfluss auf das Ergebnis des Experiments nimmt: Schon die Beobachtung eines Vorgangs verändert diesen in eine bestimmte Richtung – und zwar genau so, wie der Experimentator es erwartet! Bereits beim Zuschauen sind wir somit schöpferisch und nehmen Einfluss auf das, was wir sehen.

Tatsache ist, dass wir ständig irgendwo hinschauen! Wir sind dabei schöpferisch, wir geben den Segen – und zwar in jedem Augenblick. Ist das nicht unfassbar und großartig?

Wir sind mit allem verbunden, das uns umgibt. Die Schöpferkraft, mit der wir gesegnet wurden, stellt diese Verbindung her, bestätigt sie, nutzt sie, um weiterhin schöpferisch zu sein. Durch den göttlichen Segen sind wir selbst schöpferisch geworden. Gottes Segen vervielfältigte sich, er wurde mehr, als er ihn verschenkte. Segen ist wie eine Saat, die aus einem Saatkorn viele werden lässt, so, wie es auf dem Feld eines Bauern geschieht, der aussät und dann später die Ernte einfahren kann. Auch bei ihm wächst aus einem Saatkorn eine ganze Pflanze, mit vielen neuen Saatkörnern.

So gesehen sind wir auch als Menschen eine Art Saatkorn, das die Schöpfung auf die Erde gesät hat, damit es wachsen kann. Wie eine Pflanze schlagen wir Wurzeln, entwickeln uns, werden größer, um dann selbst Samen zu tragen. Unsere Samen sind jedoch nicht nur unsere Kinder, die wir in die Welt setzen. Nein, wir sind auf viele andere Arten schöpferisch: Wir bauen ein Haus, pflegen und verschönern es. Wir sind handwerklich tätig, gestalten einen Stuhl, backen ein Brot, pflanzen einen Garten an. Wir drücken uns aus in Gesang, in Musik, in Kunst oder wenn wir ein Buch schreiben. All das ist uns vertraut und naheliegend.

Doch sind wir auch bereits schöpferisch, wenn wir scheinbar nichts tun. Wir sind gestaltend, durch die Blicke, Gedanken, Worte und Taten, die wir einer Sache widmen. Unsere Erwartungshaltung drückt sich dabei aus und manifestiert sich immer mehr.

Wir sind schöpferisch durch unsere Gedanken, genauer gesagt durch die Deutung und Bewertung, die wir einer Sache oder einem Geschehnis geben, um es dabei vor unserem inneren Auge anzuschauen, in unserem Kopf, indem wir darüber nachdenken und unsere Schlüsse ziehen.

Ich möchte das Segnen in diesem Buch als eine Art Einladung der Schöpfung an uns verstehen, selbst ganz bewusst und voller Demut gestaltend an der Schöpfung mitzuwirken. Dabei fängt man am besten bei sich selbst an und mit der Frage, was bei mir selbst am meisten fehlt. Es wäre das, was ich zu geben hätte. Indem ich genau dies meiner direkten Umwelt (oder auch der ganzen Welt) schenke, bringe ich es in die Welt. Damit würde ich das Geschenk weitergeben, das ich von Geburt an in mir trage, und am Ende schließlich selbst zum Geschenk für meine Welt. Das ist ein Geheimnis des Segnens: Jeder Segen trägt dazu bei, ein Paradies für jeden Menschen zu erschaffen. Denn genau deshalb, so ist zu vermuten, hat die Schöpfung uns mit der Gabe des Segnens beschenkt.

Gott hat es uns in der Schöpfungsgeschichte freigestellt, auf welche besondere Weise wir »fruchtbar« sein möchten. Als Menschen haben wir den freien Willen geschenkt bekommen. Wir dürfen sein, wie wir sein möchten. Wer möchtest du sein? Welchen Segen möchtest du verschenken, durch dein Sein, für diese Welt? Durch deine besondere Weise, dein Leben zu gestalten? Wo tust du Gutes und möchtest noch mehr Gutes tun? Wo bist du bereits ein Segen für andere Menschen und wo vielleicht noch nicht so ganz? Machen wir uns dies doch gleich zur Übung:

Wenn du mal über den Tellerrand blickst und dich außerhalb deines persönlichen Umfelds umschaust, was stört dich? Was würdest du gerne ändern? Statt wie in den Zeitschriften nur über die Probleme und schlechten Nachrichten zu sprechen und damit noch mehr Energie hineinzugeben, gehen wir einen Schritt weiter und segnen, was wir als besser ansehen würden. »Mögen alle Menschen lernen, unseren Planeten als wertvoll zu betrachten, und die Natur und die Umwelt besser schützen. Mögen die Menschen in Frieden miteinander leben. Möge das Geld in der Welt nicht nur zur Steigerung des Profits dienen, sondern vielmehr zum Wohle aller. Mögen alle Menschen auf der Welt sich als Brüder und Schwestern begreifen und sich gegenseitig mehr unterstützen.« Mach dir eine Liste mit solchen Segnungen, die du vielleicht als eine Art Abendgebet sprichst, zum Wohle aller Menschen.

Ein ganz wichtiger Aspekt dabei ist, dass ich den Segen beim Segnen freigebe. Er dient nicht dazu, dass wir andere oder das Leben kontrollieren oder nach unseren Wünschen manipulieren. Segen ist eine Art Gnade. Er kommt von höherer Stelle, von der Schöpfung selbst. Durch unseren Segen werden wir Vermittler dieser Schöpfung, wir dienen ihr, so, wie ein Bauer der Aussaat dient, damit sie werden darf. Der Segen ist das Beste, was ich zu geben habe, er entspringt der Schöpfung selbst. Die Schöpfung weiß am besten, was ihr Segen bewirken soll. Ich kleines Menschlein mit meiner beschränkten Sichtweise habe das nicht unter Kontrolle – doch füge ich mich mit dem Segnen voll Vertrauen in etwas, was größer ist als ich.

Ich stelle mich in den Dienst des Segens. Möge er fließen, wie und wohin er möchte. Beim Segnen werde ich zum Diener der Schöpfung. Ich sehe zwar, hier fehlt etwas, hier könnte etwas besser sein, aber wie genau diese Verbesserung bewerkstelligt werden soll, überlasse ich dem Segen selbst.

In meinem letzten Buch »Bestellung nicht angekommen« habe ich das Wünschen noch einmal neu aufgegriffen und bin vor allem auf die wichtigsten Irrtümer dabei eingegangen. Eine Bestellung gelingt auch genau dann am besten, wenn ich völlig offen lasse, wie ihre Lieferung geschehen soll. Auch ein Wunsch sollte zur Erfüllung seinen freien Willen behalten dürfen, genau wie ich als Mensch ihn habe. Je mehr ich Vorgaben mache, was und wie genau es geschehen soll, damit der Wunsch erfüllt wird, desto mehr beschränke ich ihn in dieser Freiheit. Im Grunde postuliere ich dann ja als Mensch, ich wüsste es besser als die Schöpfung selbst, was das Beste für mich zu sein hat und wie es bitte schön vom Universum erfüllt werden sollte. Je mehr Vorgaben ich bei der Bestellung mit hineingebe, desto weniger Freiheitsgrade lasse ich dem Universum dann, mir das Beste für mich und alle Beteiligten zu liefern. Meine festen Vorgaben schränken die unbegrenzten Möglichkeiten der Schöpfung dann zu sehr ein.

Ebenso verhält es sich beim Segnen. Das Segnen ist für mich eine Weiterentwicklung des Bestellens geworden. Denn allein schon durch die andere Begrifflichkeit wird der Unterschied zum Wünschen deutlich. Beim Segnen ist mir sehr klar, hier trete ich in direkten Kontakt zur Schöpfung. Vom Gefühl her bin ich verbunden mit etwas, was größer ist als ich selbst, und gehe darum mit sehr viel mehr Demut an die Sache heran. Es wäre anmaßend, einen eigenen Segen zu sprechen mit der klaren Absicht, eine bestimmte Sache ganz genau so, wie ich es möchte, haben zu wollen – wie dies beim Bestellen eben meist praktiziert wird. Es gibt sogar eine gewisse Scheu in mir, was das Segnen betrifft. Mit dem Segnen bringe ich mich in Verbindung, erlöse meine negativen Gedankenmuster und tue damit aktiv etwas, damit eine Verbesserung möglich wird.

Wenn ich Menschen in meinen Seminaren zum Segnen eingeladen habe, verspürten viele zunächst ein Ressentiment dagegen. In uns stecken offenbar unbewusst noch jede Menge Vorbehalte vieler Generationen von Christen, die glauben, nur Menschen, die klein und demütig seien, würden in den Himmel kommen. Reiche Menschen werden von uns eher kritisch beäugt und ein unbewusster Teil in uns hat wohl sogar Angst davor, zu sehr glücklich zu sein. Wir denken insgeheim: Um in den Himmel kommen zu können, sollten wir in vorbildlicher Weise asketisch und enthaltsam leben. Ich vermute, darum haben einige Menschen auch Probleme damit, sich das Wünschen einfach einmal zu erlauben. Unsere Körperzellen tragen da wohl noch einen Teil Mittelalter in sich, der Angst hat, sich zum Ketzer zu machen, dem Inquisition und Höllenfeuer droht.

Beim Segnen kommt nun noch ein Missverständnis hinzu. Manche Menschen glauben, Segnen sei allein der Institution der Kirche überlassen. So etwas dürfe nur ein Priester. Es ist richtig, dass gewisse Segenshandlungen allein der Kirche vorbehalten sind, etwa, wenn ein Bischof seine Weihe vom Papst empfängt. Diese Einweihungen sind selbstverständlich an gewisse Würdenträger gebunden und darum mit dem Segnen im Sinne dieses Buches auch nicht gemeint. Durch die Textpassage der eingangs erwähnten Genesis ist jedoch deutlich, dass jeder Mensch gesegnet ist und somit befähigt wird, diesen Segen an andere weiterzugeben. Wer an Gott oder eine höhere Macht glaubt, der darf auch Segen aussprechen. Dieses Buch ist eine Einladung dazu.

ÜBUNG: *Meinen Segen in die Welt fließen lassen*

Nimm dir für diese Übung wieder eine Viertelstunde lang Zeit. Setz dich bequem hin und atme ein paarmal ein und aus. Dann schließe die Augen und stelle dir vor, in einer Schale zu sitzen. Sprich dann innerlich die Worte: »Ich segne meine Liebe weit und breit. Ich verschenke meine Liebe. Ich lasse meine Liebe zu allen Menschen fließen. Ich segne mit meiner Liebe die ganze Welt.«

Stell dir dabei vor, du würdest beim Segnen wie ein Springbrunnen am höchsten Punkt deines Kopfes überfließen und dein Segen würde an dir hinabströmen und die Schale füllen, in der du sitzt. Welche Farbe, welche Konsistenz hat dieser Segen?

Bald schon läuft die Schale über und vergießt deinen Segen über die ganze Welt. Stell dir vor, du würdest auf der Kugel des Globus sitzen und aus der Schale heraus fließt dein Segen um die ganze Erdkugel, bis die ganze Erde von deinem Segen überzogen ist. Wie fühlt es sich an, deinen Segen der ganzen Erde und allen Menschen zu geben?

Die Wunderkraft des Segnens

SEGNEN IST ERSCHAFFEN. ES IST NICHT BE-
SCHRÄNKT AUF MEINE REIN MENSCHLICHE PERS-
PEKTIVE, SONDERN FOLGT EINEM HÖHEREN ZWECK,
DEM SINN DER SCHÖPFUNG. BEIM SEGNEN WERDE
ICH ZU EINER ART DIENER, DER EINEM ZIEL BEHILF-
LICH SEIN MÖCHTE, DAS WEIT ÜBER MICH SELBST
UND MEINE BEGRENZTE SICHTWEISE HINAUSGEHT.

Im Innen liegt mein Paradies,
die Freude und das Glück,
wo sich das Herz eröffnen ließ,
ganz langsam, Stück für Stück.

Vergebung schenken

*Die Liebe ist
wie eine Waschmaschine:
Sie reinigt von allen Sünden,
jeder Schuld, jeder Scham,
sie vergibt und nimmt die Menschen an
und erlöst dich noch von deinem größten Schmutz,
wenn du sie darum bittest.*

Besonders wertvolle Hinweise zum Segnen finden sich in der hawaiianischen Kultur. Die Menschen sind zutiefst verbunden mit der Kraft der Natur, fühlen sich eingebunden in ein großes Ganzes und praktizieren eine aktive Kultur des Vergebens. Ihrem Beispiel folgend können wir mit dem Segnen Verletzungen in unserem Herzen heilen und wirklich vergeben lernen.

Von allen Kulturen weltweit setzen für mich Hawaiianer die Denkweise des Segnens am konsequentesten um. Hawaii ist uns Westlern vor allem bekannt durch seine Priestergilde, die Kahunas. Ihrem Glauben gemäß sind wir zutiefst verbunden mit der Kraft der Natur, die allem innewohnt und die auch die Welt erschaffen hat. Diese Kraft ist aus ihrer Sicht vor allem dazu da, geteilt zu werden. Schon zur Begrüßung sagt man auf diesen Inseln darum »Aloha«, was vordergründig gedeutet werden kann als »Hallo«, »Auf Wiedersehen« oder einfach »Liebe«. In seiner tieferen Bedeutung besteht es aus vier Worten: »Teilen« (alo) von »Lebensenergie« (ha) in der »Gegenwart« (alo), voller »Freude« (oha).

In unserer Terminologie würde ich das Wort »segnen« anstatt von »teilen« verwenden. »Aloha« bedeutet somit: »Ich segne und gebe meine Lebensenergie, die mir von Gott geschenkt wurde, in die Gegenwart weiter, was mich zutiefst mit Freude erfüllt.« Dies ist eine wunderbare Beschreibung der Bedeutung des Segnens.

Laut hawaiianischer Weltsicht ist schon allein durch das Teilen dieser Lebensenergie gewährleistet, dass wir in Einklang mit dem Universum und seiner schöpferischen Kraft treten. Genauso verhält es sich, wenn wir mit dem Segnen beginnen. Allein die Tatsache, dass wir es tun, lenkt die Aufmerksamkeit der Schöpfung auf uns. Der Himmel blickt in diesem Moment wohlwollend auf uns herab und versorgt uns mit immer neuen und noch kraftvolleren Gaben. Denn die Schöpfung ist natürlich daran interessiert, ihre Gaben auf die Welt zu bringen. Und was läge näher, besonders einem Menschen noch mehr himmlischen Zuspruch zu schenken, der sich als Kanal und Quelle von Segen zur Verfügung stellt.

Damit dieser Segen durch mich hindurchfließen kann, braucht es eine gewisse Sensibilität. Mein

Herz sollte dem Leben gegenüber offen sein, damit ich spüren kann, was in meiner Gegenwart gerade gegeben werden soll. Eine Frage könnte beim Segnen darum sein: »Was ist es, im Moment, das ich jetzt geben könnte? Auf welche Weise könnte ich zum Segen werden für diese Welt?«

Ich sehe dann die Welt mit den Augen meines Herzens und frage, was gerade am meisten gebraucht wird. Das gäbe es nun zu segnen, was bedeutet, der Welt das Bestmögliche zu schenken.

Je selbstloser ich bin, desto besser kann ich den zu gebenden Segen entdecken, empfangen und weitergeben. Netterweise lässt die Schöpfung alle Segnungen, die ich anderen zuteilwerden lassen möchte, auch mir zukommen. Das sollte beim Segnen jedoch nicht im Vordergrund stehen, denn die Schöpfung ist schlau und ich kann sie nicht reinlegen und für alle segnen, was ich eigentlich nur ganz allein für mich will. So funktioniert die Sache dann doch nicht und das sollte ich tunlichst vermeiden.

Starke Wirkung haben natürlich auch Segensworte, die ich laut ausspreche und die dabei ihre besondere Wirkung noch mehr entfalten können. Da dies in Gegenwart anderer Menschen peinlich sein kann, empfiehlt es sich, dies in der Abgeschiedenheit des eigenen Heims oder der Natur zu praktizieren. Dabei spreche ich den Segen einfach laut aus.

Aus dem Blickwinkel der Hawaiianer ist ein Segen sehr viel weiter gefasst, als wir es gewohnt sind. Jedes Wort des Dankes, jedes Lob oder jede Anerkennung trägt ihrer Meinung nach die Absicht des Segnens in sich. Danken, loben oder anerkennen sind Ausdruck, das Gute in den Dingen oder Geschehnissen zu sehen, zu bestätigen und damit zu verstärken. Genau dies ist Sinn und Zweck des Segnens: Das Gute in der Welt zu sehen, als Segen zu betrachten und damit noch mehr Gutes auf die Erde einzuladen. Die hawaiianische Vergebungstechnik Hooponopono hat sich in den letzten Jahren dankenswerterweise bei uns im Westen immer mehr verbreitet. Sie befasst sich mit einem Segen, der uns als solcher vielleicht noch gar nicht aufgefallen ist: der Vergebung. Was »gebe« ich hier?

»Hoo« bedeutet »etwas tun« und »Pono« so viel wie »Ausgleich« oder »Frieden«. Ich tue bei diesem Vergebungsritual also etwas, um Frieden und Ausgleich zu schaffen. Im ersten Anschein, um einen Streit zu schlichten. Bei näherem Hinschauen und ein wenig Praxiserfahrung jedoch, um selbst inneren Frieden zu erlangen.

In der Betrachtungsweise der Hawaiianer ist jeder Mensch für seine Umwelt und das Verhalten seiner Mitmenschen verantwortlich. Wir sind durch ein unsichtbares Band miteinander verbunden. Dieses Verbundensein können wir auch zum Segnen einsetzen. Ein Mensch, der mit uns in Streit gerät, spiegelt mir nur den eigenen Konflikt in mir selbst wider. Komme ich innerlich zur Ruhe, so besänftige ich damit diese

Auseinandersetzung auch im Außen. Die innere Welt spiegelt sich somit in meiner äußeren Welt.

Als Konsequenz dessen höre ich auf, anderen Vorwürfe zu machen oder sie gar zu beschimpfen. Für einen Hawaiianer, dem die Kraft des Hooponopono in Fleisch und Blut übergegangen ist, wäre dies gleichbedeutend damit, sich selbst beim Blick in den Spiegel anzugreifen. Das, was ich dem anderen schenke, gebe ich mir auf energetischer Ebene selbst. Ist es da nicht viel sinnvoller, Mitgefühl und Verzeihung zu üben? Wieder gilt der Satz: »Das, was mir in der Beziehung zum anderen Menschen fehlt, ist genau das, was ich selbst zu geben hätte.« Dann werden auch mir die Wohltaten zuteil. Ich könnte schlussfolgern: »Willst du einen Menschen zum Freund, dann werde selbst ein Freund.«

Hooponopono beginnt damit einfach bei mir selbst. Durch dieses Ritual versuche ich, selbst mein bester Freund zu werden. Hooponopono ist für mich darum praktizierte Selbstliebe, nichts anderes.

Um Frieden in mir herzustellen, spreche ich innerlich die Affirmationen: »Es tut mir leid. Bitte verzeih mir. Ich liebe mich (dich). Danke!« Diese Sätze wiederhole ich in Bezug auf mein Problem so lange, bis ich spüre, dass sich etwas löst oder es mir leichter ums Herz wird. Mit ein wenig Übung kann ich schon bald spüren, wie sich mein Gefühl bezogen auf das Problem verändert und vielleicht sogar auflöst. Die genaue Anleitung zu diesem traditionellen

Hooponopono findet sich in meinem Buch »Verzeih Dir!«.

Genauer möchte ich mich hier lieber gleich dem Hoppen widmen, wie Bärbel und ich unsere europäisierte Variante dieser Vergebungstechnik etwas flapsig genannt haben. Bei dieser Methode werden der eigentliche Kern und die Verbindung zum Segnen noch deutlicher.

Statt der eben genannten vier Affirmationen gehe ich hier ganz in mein Herz und spüre seine Wärme. Ich deute diese Wärme als Ausdruck der Liebe, die in ihm wohnt. In dieser Verbindung zu meinem Herzen bitte ich die dort wohnende Liebe, sich meines Problems anzunehmen. Machen wir es doch einmal gemeinsam anhand eines beliebigen Problems.

 ÜBUNG: *Segnen aus dem Herzen*

Was beschäftigt dich gerade als besondere Schwierigkeit in deinem Leben? Wähle am besten eine nahestehende Person aus, mit der du ein Problem hast und die du bald wieder treffen wirst. Dann hast du Gelegenheit, die mögliche Verbesserung in eurem Verhältnis anzuschauen, die sich nach dieser Übung hoffentlich einstellt.

Geh ganz in Kontakt zu deinem Herzen. Lege dazu am einfachsten beiden Hände auf deine Brust. Atme ein paarmal ein und aus und spüre tief in dein Herz. Nehme wahr, wie sich dein Brustkorb hebt und senkt.

Dann lenke deine Aufmerksamkeit auf die entstehende Wärme und lass sie sich noch mehr verbreiten. Nun denke intensiv an diesen anderen Menschen und euer Problem. Sage dir die Worte: »Was auch immer dieses Problem mit dem anderen Menschen herbeigeführt haben mag, es muss mit mir zu tun haben. Den Teil in mir, der mit dem äußeren Problem korrespondiert, lade ich nun in mein Herz ein. Und ich lade die in meinem Herzen wohnende Liebe ein, sich dieses Teils in mir anzunehmen, ihn zu heilen und zu verwandeln. In dem Maß, wie sich der Teil in mir auflöst und verwandelt, wird sich auch das äußere Problem mit diesem Menschen transformieren.

Stell dir vor deinem inneren Auge vor, wie sich die Liebe im Herzen um den Teil in dir legt, wie sich die Wärme ausbreitet und eine Verwandlung geschieht. Beende die Übung nach ein paar Minuten.

Zu Beginn vermutet man sicher nicht, welch große transformierende Kraft hier wirkt. Und doch haben schon sehr viele Menschen ihre Probleme mit anderen auf diese Weise verbessern oder ganz auflösen können. Unser erstes Buch »Cosmic Ordering – die neue Dimension der Realitätsgestaltung« ist voller unterhaltsamer Erfolgsgeschichten davon. In den letzten Jahren haben immer mehr Menschen begonnen, mit dieser Vergebungstechnik erfolgreich zu arbeiten.

Es gibt eine große Verwandtschaft des Hoppens mit dem Segnen. Ich kann auch sagen: »Ich segne mein

Problem mit meiner Liebe. Ich gebe meinen Segen. Ich schenke meine Vergebung. Ich segne die Vergebung. Ich gebe die Gnade der Vergebung. Möge dieses Problem sich auflösen und Frieden zwischen den betroffenen Parteien entstehen.«

Es hat sich bewährt, beim Segnen wie beim Hoppen zunächst in die Verbindung zum Herzen zu gehen. So öffnen wir die Tür, um den Kontakt zur Schöpfung herzustellen. So gelingt das Segnen dann auch umso besser. Das, was wir bei dieser Form von Segen geben, ist unsere Liebe.

Bin ich nicht in der Liebe und kämpfe gegen etwas, ist es aus Sicht der Hawaiianer so, als würden wir uns selbst vom himmlischen Segen ausschließen. Kritik und Ablehnung sind das Gegenteil von Segnen, dann kann dieser Nektar nicht zu uns durch. Kritik zeigt, wir sind nicht in Verbindung zu allem, was ist, und damit auch nicht wirklich in Kontakt zur Schöpfung.

ÜBUNG: *Segnen bei Problemen*

Ich gehe zunächst wieder in Kontakt zum Herzen. Ich spüre den Herzschlag, registriere die Wärme in meinem Herzen. Dann widme ich mich des speziellen Problems in meinem Leben. Meine Mutter hat zum Beispiel gerade eine Zankerei mit ihrer besten Freundin. Sie kann also zunächst ihre Beziehung zu ihrer Freundin segnen: »Ich gebe meinen Segen in diese

Beziehung. Ich segne die Vergebung in diesem Streit. Möge uns beiden die Gnade der Vergebung zuteilwerden.« Ganzheitlich kann sie auch gleich alle Menschen dabei einschließen: »Mögen alle Zerstrittenen die Gnade der Vergebung erfahren. Ich segne die Vergebung aller Menschen. Ich gebe den Segen in alle Beziehungen. Ich segne die Beziehung aller Menschen untereinander.«

Die Wunderkraft des Segnens

SEGNEN IST VERGEBUNG. BEIM VERGEBEN »GEBE« ICH DEN SEGEN DER VERZEIHUNG. ES IST WENIGER, PRAKTISCH ETWAS ZU TUN, ALS EINE VERÄNDERUNG MEINER EINSTELLUNG EINEM MENSCHEN GEGENÜBER. JETZT BIN ICH BEREIT, DICH MIT ANDEREN AUGEN ZU SEHEN. UND BEI DIESEM NEUEN BETRACHTEN, DURCH DIE AUGEN DER LIEBE, FLIESST SCHON DER SEGEN.

Fühlst du dich nicht geliebt,
verstört und ganz allein,
nur wer sich selbst vergibt,
wird schließlich glücklich sein.

Dem Segnen vertrauen lernen

*Die Liebe ist
wie ein verlockender Duft:
Sie verströmt sich unaufhörlich
und zieht dabei andere Menschen fast magisch an,
die sehen möchten,
woher nur diese Köstlichkeit entsprungen ist.*

Die Anwendungsmöglichkeiten des Segnens sind mannigfaltig. In diesem Kapitel möchte ich die aus meiner Sicht wichtigsten Bereiche vorstellen, in denen es seine positive Wirkung entfalten kann. Sie gliedern sich in meine Beziehung zu mir selbst, meine Beziehung zu anderen (in Partnerschaft und Job) sowie meine Beziehung zur Schöpfung. Außerdem kann Segnen sehr hilfreich sein bei der Lösung von Problemen und bei der Wunscherfüllung.

Segnen verändert uns selbst, unser Umfeld und die Welt. Im Folgenden will ich einige Erfolge des Segnens beschreiben, weil sie unser Vertrauen in das Segnen stärken. Dieser Überblick ist sicher willkürlich und ganz bestimmt nicht abschließend gemeint. (Jede und jeder ist eingeladen, weitere schöne Erfolgsbeispiele des Segnens zu sammeln. Wer Freude hat, kann sie mir auch gern zusenden per E-Mail:

bueromanfredmohr@gmx.de. Vielleicht erscheint dann deine Erfahrung ja in einem neuen Buch von mir, wenn du es magst.)

Wenn ich mit dem Segnen beginne, dann hat dies segensreiche Auswirkungen auf alle Teilaspekte meines Lebens. Hier eine Auswahl:

1. Meine Beziehung zu mir selbst verbessert sich.
2. Meine Beziehungen zu anderen Menschen klären sich und werden besser.
3. Besonders stark ist dieser positive Einfluss auf meine Ehe und Partnerschaft.
4. Im Beruf stellt sich eine größere Zufriedenheit ein und daraufhin auch Erfolg.
5. Probleme lösen sich auf.
6. Die Verbindung zur Schöpfung wird stärker.
7. Wünsche werden erfüllt.

1. Meine Beziehung zu mir selbst verbessert sich

Es ist bereits im Kapitel über das Segensbändchen angeklungen, natürlich hat das Segnen zuallererst einmal einen heilsamen Effekt auf mich selbst, auf Körper und Geist. Ganz sicher wird es auch deine eigene Erfahrung im spielerischen Umgang mit dem Bändchen sein, wie viel leichter du dich schon nach wenigen Wochen fühlst. Dein Denken wird befreiter und dir wird klar, wie sehr das Ablehnen und das Jammern dich in geistiger Hinsicht fixiert und blockiert haben. Du warst sogar so beschäftigt mit diesen destruktiven Gedanken, dass nur selten freudvolle Gefühle daneben Platz hatten. Fokussierst du dich nun stattdessen auf das, was du willst, dann wird es dir ganz warm ums Herz und der erste Schritt auf dem persönlichen Weg zum Glück ist beschritten.

Das neue segnende Bewusstsein, dem du mithilfe dieses Bändchens entgegengehst, hat jedoch nicht nur verändernde Wirkung auf dein Gehirn. Kürzlich sah ich auf 3Sat die Sendung »Scobel« mit dem Thema der Psychoneuroimmunologie (siehe Anhang). Hinter diesem schwierigen Wort verbirgt sich die Wissenschaft des Zusammenhangs von Geist und Körper. Hier werden sie einheitlich betrachtet. Psychoneuroimmunologie untersucht eingehend, wie der menschliche Geist auf das Verhalten, die Gedanken und das Immunsystem einwirkt. Umgekehrt wirkt auch das Immunsystem auf den Geist ein, da beide ständig miteinander im Austausch sind. Vor allem durch Meditation können sowohl das Herz als auch das Immunsystem gestärkt werden. Bei der Sendung beeindruckte mich eine Äußerung am stärksten: Untersuchungen an Nonnen konnten zeigen, dass sie durchschnittlich sechsundzwanzig Prozent älter werden als die Gesamtbevölkerung; offenbar wirkt der Glaube an Gott lebensverlängernd. Es ist naheliegend, dem Segnen in seiner Deutung als »Hinwendung zu Gott« ebenso gesundheitsfördernde Wirkungen zuzuschreiben.

Segnen ist darum auf ganz natürliche Weise stärkend

für mein Immunsystem und meine Konstitution. Meine Widerstandsfähigkeit wird besser und mein Körper beim Segnen kraftvoller. Ich spüre mich besser und ich nehme mich besser wahr.

Tun wir uns darum doch jetzt selbst etwas Gutes und lassen uns einmal selbst vom Himmel segnen. Meiner Erfahrung nach ist es für viele Menschen etwas sonderbar, einen Segen dergestalt zu sprechen: »Ich segne mich.« So ist es auch nicht gemeint, denn wir fördern mit dem Segen nicht unser Ego, sondern öffnen vielmehr unser Herz – für uns selbst und die ganze Welt. Darum schlage ich eine andere Formulierung vor.

 ÜBUNG: *Ich lasse mich segnen*

Setz dich für diese Übung zunächst einmal ganz ruhig hin und atme aus deinem Herzen ein und aus. Dann beginne, dich selbst zu segnen: »Ich lasse mich segnen. Ich atme den Segen der Schöpfung in mein Herz. Möge er durch mich hindurchfließen hinaus in die Welt, ich stelle mich als »Durchlauferhitzer« zur Verfügung. Möge der Segen durch all meine Zellen fließen, meine Organe und Knochen. Mögen alle Körperteile von diesem Segen durchflossen sein, damit der Segen dann auch weiter durch mich hindurch hinaus in die Welt fließen kann, um seinen segensreichen Dienst dort fortzuführen. Ich segne meinen Segen weit und breit.

2. Beziehungen klären sich

Ein guter Freund von mir, Klaus, fand eine neue Frau fürs Leben. Ihr Name war Claudia. Übermütig beschlossen die beiden gleich nach ein paar Wochen, zusammen in seiner Wohnung zu leben. Das große Glück war nicht von Dauer, denn sofort begann sie, seine Wohnung nach ihrem Gusto auf den Kopf zu stellen. Ein besonderer Reibungspunkt war dabei die Küche. Alle Schränke wurden verstellt und umgeräumt und schon nach ein paar Tagen fand er sich in seiner eigenen Küche kaum mehr zurecht. Immer wieder gab es Streit. Claudia beschloss daraufhin, die halbe Zeit wieder in ihr altes Zimmer in einer WG zu ziehen. Eine gute Lösung war für beide vorerst nicht in Sicht, denn eigentlich wollten sie ja zusammenleben.

Klaus hatte durch mich vom Segnen erfahren und segnete fast schon verzweifelt drauflos: »Mögen alle jungen Beziehungen rücksichtvoll beginnen. Mögen alle Paare sich langsam aneinander gewöhnen. Mögen alle Frauen in frischen Beziehungen besonders die Küchen weitestgehend so belassen, wie sie sind.«

Daraufhin geschah ein kleines Wunder. In Claudias WG gab es einen neuen Mitbewohner. Dieser hatte die vegane Ernährung für sich entdeckt und widmete sehr viel Zeit mit deren Zubereitung. Und zwar morgens, mittags und abends. Es gab kaum noch einen Moment, in dem er nicht in der Küche kochte oder die Mahlzeit zu sich nahm. Er machte sich richtig breit, so, wie sie es selbst zuvor bei Klaus gemacht hatte.

Ganz plötzlich fand auch Claudia keine Töpfe mehr und von ihr gekaufte Sachen verschwanden spurlos aus dem gemeinschaftlichen WG-Kühlschrank.

So sah also eine feindliche Übernahme der eigenen Küche aus! Jetzt verstand sie, wie Klaus sich fühlte. Durch das Segnen wurde ein Weg eröffnet, der Claudia das eigene Verhalten spiegelte, sodass Klaus gar nichts mehr erklären musste. Nun, sie hatte es am eigenen Leib erlebt und bekam darum umgehend sehr viel mehr Verständnis für ihn. Klaus lud mich daraufhin fürstlich zum Essen ein! Die beiden sind heute noch liiert und glücklich miteinander.

Dieses Beispiel zeigt sehr drastisch, wie ich in Beziehungen genau das bekomme, was ich selbst gegeben habe! Klaus hat nicht mehr um seine Küche gekämpft, sondern einfach eine Lösung gesegnet. Umgehend stellte sie sich ein. Und witzigerweise hat auch die Freundin bekommen, was sie gegeben hatte, ihr Untermieter verhielt sich wie ein Spiegelbild zu ihr selbst.

Also, was uns in der Partnerschaft fehlt, können wir segnen. Vielleicht fehlt es einfach darum, weil ich es noch nicht gesegnet und damit hineingegeben habe. Statt zu schimpfen auf den unaufmerksamen Mann oder die undankbare Frau, fange ich doch einfach damit an, selbst aufmerksamer und dankbarer zu sein. Rumschimpfen ändert dagegen gar nichts und führt nur dazu, dass ich mein Segensbändchen ständig wechseln muss.

ÜBUNG: *Die Beziehung segnen*

Was fehlt dir in deiner Beziehung? Kommt dein Mann immer zu spät von der Arbeit? Was möchtest du denn gern anders haben? Segne es: »Mögen alle Männer pünktlich nach Hause kommen. Mögen alle Männer genügend Zeit mit ihren Partnerinnen verbringen. Mögen alle Männer gern nach Hause zu ihren Frauen kommen. Mögen alle Beziehungen sich hin zu Harmonie und gemeinsamem Wachstum entwickeln.« Was stört dich an deiner Beziehung? Was könntest du somit segnen?

3. Die Ehe erhält eine Verjüngungskur

Bei unserem Lebenspartner kommt noch eine pikante Variante hinzu, die körperliche Beziehung. Nach einigen Jahren stellen sich leider bei vielen Paaren gewisse Ermüdungserscheinungen ein und manchmal entschlummert die Beziehung in sexueller Hinsicht dann völlig. Hier kann das Segnen sehr wirkungsvoll sein. Bärbel und ich haben es 2006 ausprobiert und sie hat es dann niedergeschrieben in »Sex wie auf Wolke 7«. Selbst heute noch kommen manchmal Frauen im besten Alter zu mir, um sich zu bedanken und kundzutun, wie sehr dieses Liebessegnen ihrer zwanzig Jahre alten Ehe wieder auf die Sprünge geholfen hat. Eine Frau sagte mir sogar, sie fühle sich jetzt wieder wie frisch verliebt und entdecke ihren Mann und ihre Partnerschaft nun noch einmal gänzlich anders.

Neugierig geworden? Kann ich verstehen. Da sind doch die Bibliotheken voll von Literatur über die besten Liebestechniken, alle strengen sich an und wollen noch besser und toller im Bett sein, doch paradoxerweise »tun« wir bei Wolke-7-Sex zuerst einmal gar nichts. Rein äußerlich betrachtet. Das wirkliche Geschehen spielt sich in unserem Inneren ab.

Kurz gesagt erinnern wir uns dabei zunächst an die erste Zeit der Liebe. Warum liebe ich diesen Mann? Was hat mir damals besonders gut an dieser Frau gefallen? Vor dem Liebesakt spreche ich vielleicht noch einmal darüber, über das Kennenlernen, die ersten Reisen, die Urlaube, was mir so einfällt. Ich erinnere mich, warum ich mit diesem Menschen zusammen bin.

Dann nehmen wir uns in die Arme und spüren unsere Herzen. Wir lassen die Liebe zwischen uns fließen und rufen dabei Bilder wach, als es einmal für uns beide besonders schön war, vielleicht beim ersten Date oder bei den Geburten der gemeinsamen Kinder. Ich verbinde mich ganz im Herzen mit meinem Partner – genau das habe ich ja bereits als Segnen definiert.

In diesem Gefühl legen sich dann beide Partner zusammen ins Bett und vereinigen sich einfach nur. Sonst tun sie nichts. Die Frau legt sich auf den Mann und spürt, was geschieht. Der Mann liegt unten und hält sie. Beide machen eine Herzumarmung und lauschen auf das, was geschehen will. Und das ist eine

Menge! Vor allem die Frauen brechen häufig beim ersten Mal in Tränen aus. Es ist schwer in Worte zu fassen, es ist vor allem ein Bombardement von schönen, lang ersehnten Gefühlen. Ich würde sagen, es ist das, was die Frau vom Mann eigentlich möchte – und umgekehrt. Ohne Worte, ohne es sagen zu können.

Für mich als Mann war und ist das sehr verwirrend, denn ich denke ja fortwährend, etwas tun zu müssen, um »richtig« auch in sexueller Hinsicht zu sein. Irrtum! Hier tue ich gar nichts und alles kann geschehen. Vielmehr scheint das ganze »Tun« und »Richtig-machen-Wollen« eben gerade zu verhindern, dass geschieht, was geschehen könnte. Ich lasse es einfach nur zu. Bärbel meinte darum: »Dieses Buch gibt dem Sex die Liebe wieder, macht aus jeder Furie einen sanften Engel und die Männer wieder zu den Helden ihrer Frauen.« Dem ist nichts hinzuzufügen, denn genau so ist es wirklich.

Oder doch, eines. Wer hätte das gedacht, auch unsere Fortpflanzungstätigkeit ist in sich bereits ein großer Segen! Wenn wir das ganze Drumherum einfach einmal weglassen, wenn wir uns nur in Liebe vereinigen und nicht bewegen, sondern nur liegen und spüren, dann wird uns diese Erfahrung zuteil. Der Energieaustausch beim Sex ist segensreich und liegt fernab von größer, höher, weiter! Er ist eher ein Gefäß, in das der Segen erst dann fließt, wenn wir es zum ersten Mal ganz leeren.

4. Erfolg stellt sich ein

Ähnlich verhält es sich mit dem beruflichen Erfolg. Auch da denke ich, viel leisten und machen zu müssen, um erfolgreich zu sein. Könnte dies auch ein Irrtum sein? Was kann Segnen hier bewirken?

Steffi ist Baustellenleiterin und berichtete mir, dass ein sehr großer Auftrag zu misslingen drohte, da es zu viele Probleme gab und die Termine nicht mehr eingehalten werden konnten. Alle Arbeiter versammelten sich alsbald zu einem Termin und der Chef des Bauunternehmens hörte sich die Einwände seiner Mitarbeiter wohlwollend an. Dann verkündete er, ganz Patriarch, mit der ganzen Kraft seiner großen Erfahrung: »Das schaffen wir!« Er blickte aufmunternd in die Runde und die Starre wich aus den Gesichtern seiner Angestellten. Es kam wieder Leben in die Bau-Bude und Steffi wunderte sich selbst, welche neue Energie plötzlich erwachte. Sie erzählte mir, der Termin sei wie durch ein Wunder noch eingehalten worden, es kam zu keiner Vertragsstrafe und die ausführenden Personen erhielten sogar noch eine Prämie obendrauf.

Der Bauunternehmer hat hier nicht selbst Hand angelegt, dafür jedoch an die Einhaltung der Termine geglaubt. Er segnete damit in meiner Deutung den Erfolg. Er schaffte den Rahmen, das Gefäß, damit die Mitarbeiter voller Zuversicht und Freude ans Werk gehen konnten.

Was wäre gewesen, hätte dieser Patriarch stattdessen geschimpft und die Leute demotiviert? Vielleicht wäre auch dann unter Druck ein ähnliches Ergebnis erzielt worden. Aber die Menschen hätten nicht gern gearbeitet, die Stimmung in der Firma hätte gelitten, ebenso wie das Ansehen des Chefs. Er hätte beim Klagen schlechte Stimmung verbreitet und die Freude wäre allen dabei abhandengekommen. So arbeitet niemand gern und ohne Freude kann es nicht zu einem wirklich guten und für alle Beteiligten befriedigenden Ergebnis kommen.

Erfolg ist deshalb für mich, etwas tun zu dürfen, was mir Freude macht und mich zutiefst befriedigt. Auch der Wolke-7-Job hat also damit zu tun, glücklich zu sein, diesmal allerdings beim Arbeiten. Ist es wirklich ein Erfolg, wenn ich sechzig Stunden in der Woche schufte, um mehr zu verdienen, wenn mir nachher die Zeit und die Kraft fehlen, diesen Mehrbetrag auch mit Freude auszugeben? Ist es wirklich erstrebenswert, meine Wochenenden im Büro zu verbringen, um dann zwar befördert zu werden, aber mit vierzig einen Burn-out zu bekommen? Jeder mag dies selbst für sich entscheiden. Für mich jedenfalls ist weniger auch hier mehr. Vielleicht habe ich dann weniger Geld in der Brieftasche, aber dafür mehr Zeit und die Freiheit, sie so zu verbringen, wie es mir gefällt.

Um das Segnen zu entdecken, braucht es diesen Freiraum. Diese Leere, die sich erst voller Freude füllen kann, wenn ich nichts tue.

Wenn ich stattdessen nur arbeite, kann ich diese Erfahrung niemals machen. Denn dann denke ich, ich müsste immer alles selbst tun. Dann laufe ich jeden Tag, jede Woche und jedes Jahr im selbst erschaffenen Hamsterrad meines Lebens, überanstrengt, erschöpft, und komme doch nirgendwo wirklich an. Auch der Segen erreicht mich nicht, da ich ja ständig vor ihm davonlaufe – in meinem fixen Glauben, es selbst tun zu müssen. Vielleicht bin ich ja darum selbst mein Problem? Womit wir beim nächsten Thema wären.

5. Probleme lösen sich von selbst

Fred Gratzon ist ein erfolgreicher Geschäftsmann aus Amerika, der bereits zwei Großunternehmen mit vielen Millionen Umsatz gegründet und erfolgreich geführt hat. In seinem Buch »The Lazy Way to Success« beschreibt er seine Methode, wenn er ein Problem in der Firma nicht in den Griff bekommt: Er geht surfen!

Und nicht nur das, er geht so lange surfen, bis er eine Idee hat, wie er das Problem angehen kann. Das dauert seiner Erfahrung nach manchmal durchaus einige Tage. Dann legt er sich eben in seine Hängematte, entspannt sich und döst. Irgendwann fällt ihm die Lösung in den Schoß beziehungsweise in die Matte. Hängematte statt Hamsterrad, wie geht das denn?

Gratzon beruft sich vor allem auf Albert Einstein, der gesagt hat: »Probleme lassen sich niemals auf derjenigen Ebene lösen, auf der sie entstanden sind.« Das wäre in etwa so, als würde ich einen Tippfehler auf meinem Bildschirm mit Tipp-Ex überstreichen. Auch wenn ich diesen Vorgang hundertmal wiederhole, der Tippfehler bleibt bestehen. Ich sehe ihn dann vielleicht nicht mehr, weil der Bildschirm vollständig weiß geworden ist, aber eine Lösung ist das wohl nicht.

Es ist vielleicht eher so, wenn ich zu sehr mit der Suche nach einer Lösung beschäftigt bin, dann kann ich sie gar nicht mehr finden. Ich werde also selbst zum Problem. Ich habe das Problem bekommen, es ist auf meiner Ebene entstanden, also kann ich es nicht in mir, aus mir heraus lösen. Da hat Einstein recht. Deshalb ist das Segnen so wichtig, weil es auf einer anderen Ebene stattfindet. Damit es geschehen kann, muss ich mich leer machen, um auf neue Gedanken zu kommen. Wenn mir das gelingt, fließt der Segen in mich hinein und durch mich hindurch.

Im Fall einer Problemlösung ist es die Inspiration, die mir der Himmel schenkt. Die Schöpfung wirkt dabei durch mich, sie ist diese höhere Ebene. Erst wenn ich, wie Gratzon schreibt, untätig und faul werde, finde ich eine gute Lösung. Für ihn liegt also der mühelose Weg zum Erfolg in der Untätigkeit. Wie soll sich auch Erfolg einstellen, wenn ich meine Probleme nicht in den Griff bekomme?

Jede kreative Tätigkeit lebt von Inspiration. Ein Maler braucht die Idee, die zwar aus ihm selbst kommt, aber auch wieder nicht. Wie Carl Gustav Jung meinte, wir schöpfen als Künstler dabei nur aus einem Meer von unbewussten Bildern, die wir in uns aufsteigen lassen. Jung nannte diese Quelle das Psychoide, zu dem jeder Mensch die Gabe besitzt, einen Zugang zu finden. Diese Inspiration fließt durch mich, ich bin sie nicht selbst, es ist die höhere Ebene, deren Werkzeug ich dann bin. Ich stelle mich nur zur Verfügung, in den Dienst des Segens, der durchkommen möchte auf die Welt. Er macht mich zum Geburtshelfer für das Neue.

6. Die Verbindung zur Schöpfung wird stärker

Zu segnen führt dazu, dass auch ich mich immer häufiger einfach vom Leben gesegnet fühle. Ich bin verbunden mit dem Universum und eins mit mir und der Schöpfung. Ich muss nicht alles allein tun. Etwas ist da, wenn ich es rufe, wenn ich den Kontakt herstelle. Die Schnittstelle zum Universum liegt in meiner Seele, ich kann sie erwecken, indem ich ganz leer werde und meine Gedanken schlafen schicke. Es ist ein meditativer Zustand, mit dem mein Ego rein gar nichts anfangen kann, denn er ist nicht zu verstehen. Er hat mit dem Vertrauen zu tun, dass ich gesegnet bin, dass es Hilfe gibt.

So wie ein Kind von seiner Mutter, fühle ich mich in diesen Momenten getragen vom Leben. Ich bin geborgen in den Segnungen, die ich dort erfahre. Es ist genau hierin die neue Zeitqualität zu finden, die nun auf der Erde herrscht. Wir Menschen finden immer mehr in die Liebe und als Resultat davon lernen wir, andere zu lieben und anzunehmen und fühlen uns selbst mehr angenommen von anderen. Dazu gehört auch, uns vom ganzen Universum geliebt und gesegnet zu fühlen.

Wir stehen in Verbindung zur Schöpfung und das spüren wir vor allem dann, wenn wir selbst kreativ und schöpferisch sind. Ein Maler kann davon berichten, ein Sänger und vielleicht auch ein Koch. Was will mir die Schöpfung gerade einflüstern?

Jeder, der dies einmal erlebt hat, wird mir zustimmen, es ist ein großes Glück! Ist die Botschaft verstanden, wird es eine Freude, anderen Menschen auf diese Art etwas geben zu dürfen. Erfüllt zu sein vom Segen, mich zu öffnen für etwas Höheres, geht immer mit Glücksgefühlen einher. Wir werden durch den fließenden Segen immer mehr zu dem, was wir wirklich sind, und entdecken auch immer mehr Begabungen und schließlich auch unsere Berufung.

Segnen ist eine meisterhafte Art, die Liebe zu werden, die wir wirklich sind. Die Liebe, die wir geben und segnen, sie fließt durch uns und verändert auch uns selbst zum Guten. Jeder Segen wird auch uns zuteil und alles, was wir lieben, wird im Himmel auf uns warten. Alles, was wir lieben, wird ein Teil von uns, weil wir es annehmen und akzeptieren. So wird es dann auch Teil unseres Gefühlskörpers.

7. Segnen ist bestellen

Isabel, die Tochter einer guten Freundin, wurde schwanger und trennte sich kurz danach von ihrem Partner. Schon immer war es eine Beziehung mit vielen Aufs und Abs gewesen. Isabel konnte in den letzten Monaten der Schwangerschaft kaum mehr gehen und zog zu ihrer Mutter, um dort behütet zu werden und bis zur Entbindung in einem sicheren Nest zu sein. Meine Freundin wünschte sich natürlich einen Mann für ihre Tochter und am meisten, dass der Vater des Kindes sich wieder mit ihrer Tochter versöhnen sollte. Sie segnete also: »Bitte, lieber Gott, lass meine Tochter wieder zu ihrem Partner zurückfinden.« Kurze Zeit später verunglückte dieser Mann und hatte beide Beine über viele Wochen eingegipst. Auch er konnte nicht mehr gehen und lag schon bald neben Isabel in ihrem Haus. Meine Freundin pflegte beide, sie hatten viel Zeit zum Reden und, ein wenig wie im Märchen, sie fanden wieder zueinander. Heute sind sie ein glückliches Paar und er ist ein vollendeter Vater.

Hat sie es nun gesegnet oder hat sie es für ihre Tochter so bestellt? Ist das nicht einerlei? Schon in meinem letzten Buch »Bestellung nicht angekommen« habe ich auf die Parallelitäten zwischen Bestellen und Beten hingewiesen. Wie beim Beten richte ich auch beim Wünschen und Segnen meine Bitte an den Himmel und es ist einerlei, ob ich diese Instanz nun als Universum oder Gott bezeichne. So, wie ein guter

Arzt einmal zu mir meinte, ihm komme es vor allem auf die einsetzende Heilung an, die Methode dazu sei ihm im Grunde egal.

Segen fließt dann, wenn mein Kontakt zum Universum am besten ist. Liebe als Schmiermittel kann mir helfen, wenn es an der Kontaktstelle durch meine Ablehnungen zu Reibungsverlusten kommt. Je mehr ich lerne zu lieben, desto besser ist meine Verbindung zur Schöpfung. Und so wie Gott Liebe ist, so beginne ich ihn auch immer besser zu erkennen, je mehr ich in die Liebe finde. Dann werde ich zu seinem geliebten Kind.

Menschen, die verliebt sind, fühlen sich immer gesegnet. Diese erste Phase der rosaroten Brille, wenn ich eben erst die Traumfrau oder den »Mann fürs Leben« kennengelernt habe, ist so wunderbar, eben weil ich mich gesegnet fühle. Was für eine Freude! Welch ein Rausch von Glückhormonen. Aus jeder meiner Poren verströme ich Dank dafür, diesen Menschen endlich getroffen zu haben. Durch diesen Dank gebe ich Segen weiter. Ich sage damit auch dank dem himmlischen Lieferservice. Wenn die rosarote Brille dann irgendwann dem Alltag weicht, ist es eine gute Methode, sich an diese Anfangszeit zu erinnern, vielleicht alte E-Mails zu lesen, wenn es mal schwierig wird, um so die anfängliche große Liebe wieder zu spüren.

Bei einer glücklichen Fügung, einer Beförderung, einer Hilfe, die wir erhalten, hat ebenso wie bei einer

Bestellung ganz sicher auch der Himmel seine Hand im Spiel. Wenn wir uns dessen nicht bewusst sind und einfach weitergehen, ohne es zu würdigen, dann bleiben weitere Hilfen des Himmels aus. Der Himmel segnet uns in jedem Moment. Wenn wir dies anerkennen durch einfaches Danke sagen für eine Hilfe, für ein unverhofftes Glück oder eine Bestellung, die sich erfüllt hat, dann kann noch mehr Segen fließen. Dankbarkeit in diesem Sinne hat den Zweck, den Himmel »zu sehen« in seiner Wirkung, die uns zuteil geworden ist.

Die Wunderkraft des Segnens

SEGNEN IST ZUVERSICHT. ES IST DAS FALLENLASSEN IN DIE HIMMLISCHEN ARME, IM BESTEN BEWUSST-SEIN, DASS ES FÜR MICH IMMER EINE GUTE LÖSUNG GIBT. ICH HABE EIN PROBLEM? DANN SEGNE ICH, IN TIEFSTEM VERTRAUEN, DASS AUCH DIESE KRISE VOR-BEIGEHT UND SOGAR ETWAS GUTES MIT SICH BRIN-GEN WIRD. SO WANDELT SICH DIE KRISE ZU EINER NEUEN NUTZBRINGENDEN CHANCE.

Dein Platz ist im Wirken des Leeren,
dein Platz ist im Wirken des Lichts,
so lass doch mich sanft dich verehren,
in dir ruht das Alles und Nichts.

Jede Beziehung ist ein Segen

Die Liebe ist
wie der Mond:
Silbern glänzend durchläuft er seine Phasen,
manchmal glücklich und rund,
manchmal schüchtern und unsichtbar.
Immer aber bringt er Licht dem Dunkel,
lässt die Schatten verschwinden
und schenkt selbst dem größten Feind
noch sein Lächeln.

Beziehungen haben viele Ebenen. In diesem Kapitel schauen wir sie uns genauer an. Ich kann in Beziehungen zu anderen Probleme haben. Immer haben diese auch mit mir selbst und meiner Beziehung zu mir selbst zu tun. Schließlich zeigen mir meine Beziehungen auch deutlich, wie mein Verhältnis zur Schöpfung geartet ist. Auf jeder dieser Ebene können wir segnen.

Meine beiden Kinder kommen gerade in die Pubertät. Als Ausdruck dessen stellen sich plötzlich die ersten Streitereien zwischen Klassenkameraden ein, die vormals ein Herz und eine Seele waren. Mein Sohn geht heute zu einem Geburtstag, zu dem andere Jungen aus der Klasse nicht mehr eingeladen sind. Meine Tochter hat gerade eine Krise mit ihrer besten Schulfreundin, auf einmal verstehen sich beide scheinbar überhaupt nicht mehr.

Wir reden dann über die Probleme mit anderen Kindern und ich stelle fest: Nun werden meine Kinder langsam »besonders«. Sie entwickeln Eigenheiten und ihr junges Wesen kristallisiert sich immer besser heraus. Dummerweise tun das jetzt alle Kinder gleichzeitig. Und wenn sich plötzlich alle Jugendlichen als einzigartig zeigen wollen, dann erleben sie sich logischerweise untereinander – ganz im Gegenteil – als ziemlich eigenartig.

Kinder in diesem Alter lösen sich langsam von den Eltern, was bei mir doppelt wiegt, da ich gleichzeitig Vater und Mutter sein darf für beide. So kann ich ihnen, wie Khalil Gibran meint, sowohl Wurzeln anbieten, die ihnen weiterhin Halt im Leben gewähren, als auch Flügel, die sie so langsam ausprobieren können, um dann alsbald aus dem familiären Nest zu entfleuchen. Hier werden gerade Weichen gestellt, die weiterhin Schutz und zunehmend Selbstbestimmtheit ermöglichen können.

Wenn die beste Freundin sich plötzlich als Zicke entpuppt, dann versuche ich meiner Tochter zu verdeutlichen, wo die Ursache dafür zu finden ist. Vielleicht fühlte sie sich selbst einmal zurückgesetzt, als meine Tochter lieber mit einer anderen Freundin spielte. Vielleicht wirbt sie gerade um die Gunst eines begehrenswerten Jungen und möchte die Nebenbuhlerin einfach ausstechen. Es kann auch einfach nur sein, dass die Hormone in diesem Alter aus den Fugen geraten. Wie auch immer, ich versuche meinen Kindern das Verständnis zu vermitteln, jeden Menschen als Gesamtkunstwerk zu betrachten. So, wie mir auf einer Musik-CD natürlich das eine Stück besser und das andere weniger gefällt, so hat auch jeder Mensch wie eine Farbpalette die unterschiedlichsten Nuancen – eine mag ich lieber, die andere weniger. Doch diese Vorliebe hat genau wie meine Abneigung ganz selbstverständlich etwas mit mir selbst zu tun.

Jeder Mensch hat gute und schlechte Seiten. Wenn ich einen Menschen mag, dann ist es eben an mir, auch mit den nicht so angenehmen Eigenschaften klarzukommen. Denn meine Kinder merken jetzt, wenn ich wie Aschenputtel die Guten ins Töpfchen und die Schlechten ins Kröpfchen aussortiere, dann ist mein Kröpfchen schnell sehr voll, aber mein Töpfchen bleibt auf wundersame Weise leer.

Um es auf den Punkt zu bringen: Wenn ich einen guten Freund haben möchte, dann sollte ich zunächst damit beginnen, selbst einer zu werden. Das Segnen kann dabei ein Weg zur Meisterschaft des Lebens werden. In der ersten Phase beginne ich bei sich zeigenden Problemen mit anderen Menschen zu segnen, was ich gern anders haben möchte. Das kennen wir bereits vom Segensbändchen, doch es schadet sicher nicht, es hier noch einmal zu üben.

ÜBUNG: *Was stört mich am anderen?*

Jeder hat wohl in seinem Leben einen Menschen, mit dem er sich mit wachsender Begeisterung reibt. Das kann in der Familie geschehen, wenn es bei der alljährlichen Weihnachtsfeier wieder mal zu Streit zwischen den Verwandten kommt. Es kann der Nachbar sein, der mich nicht grüßt. Oder die Kollegin, die hinter meinem Rücken schlecht über mich spricht. Mal Hand aufs Herz: Wo hast du in deinem Leben solch einen Delinquenten, der all deine roten Knöpfe mühelos und immer wieder drückt? Was stört dich gerade an ihm ganz besonders? Und wie sollte er denn deiner Meinung nach sein? Segne es! Zu den eben genannten Beispielen könnten Segnungen lauten: »Möge Onkel Erwin endlich damit aufhören, immer dieselben alten Witze wie letztes Jahr zu erzählen. Mögen alle Verwandten miteinander in Frieden sein. Mögen alle Weihnachtsfeiern zu einem Segen für alle Beteiligten werden.« Oder zum Beispiel 2: »Mögen alle Nachbarn freundlich und rücksichtsvoll miteinander umgehen. Mögen alle Menschen, die zusammen wohnen, in angenehmer und friedlicher Koexistenz leben. Mögen alle Streitigkeiten zwischen Nachbarn befriedet werden.« Schließlich Beispiel 3: »Mögen alle Kollegen nur Gutes übereinander sprechen. Mögen in allen Betrieben die Angestellten gut und zielführend miteinander umgehen. Möge der Umgang der Menschen in meinem Büro für alle gewinnbringend und harmonisch sein.«

106

Jede Beziehung zu einem anderen ist ursprünglich eine Beziehung zu mir selbst. So, wie ich mit einem anderen umgehe, so gehe ich auch ständig mit mir selbst um. Und darum ist ein scheinbar beim anderen gelagertes Problem immer eigentlich ein Problem mit mir selbst. Wenn wir konsequent weiterdenken, ist der andere Mensch, der mich stört, ein Spiegelbild von mir selbst. Dort, wo ich eine Sache besonders mag, muss automatisch eine Ablehnung von etwas anderem erfolgen. Dies ist ein Ausdruck der Tatsache, dass wir uns auf der Erde in der Dualität befinden. Wo Licht ist, da ist auch Schatten. Und zum Ausgleich meiner Vorliebe braucht es auch energetisch in mir eine Ablehnung. Dann ist alles wieder im Gleichgewicht, so wie bei einer Waage.

An der Waage erkenne ich auch: Wo ich stark ablehne, bin ich selbst sehr in Schieflage. Meine innere Harmonie ist gestört, denn ich befinde mich im Krieg mit vielen Eigenschaften, die scheinbar andere Menschen haben. Im Grunde kämpfe ich jedoch immer nur gegen mich selbst.

Um ein guter Freund zu werden, braucht es in diesem zweiten Schritt die Freundschaft mit mir selbst. Denn wenn ich ehrlich bin, dann tut es mir doch selbst nicht gut, wenn ich mit einem oder vielen Leuten in meinem Umfeld im Streit liege.

Jedes Problem in meinem Leben spiegelt mir nur ein inneres Problem. Da, wo in meinem Leben ganz viele Menschen schuldig sind, mich verletzen, unehrlich waren oder mich betrogen haben, da mache ich mich selbst schuldig. Denn – und jetzt wird es richtig spannend – ich sehe sie nicht in ihrer Vollkommenheit, als das, was sie sind. Sondern ich fordere das Gegenteil, dass sie gefälligst anders sein sollen. Und zwar genau so, wie ich es gerne hätte. Damit mache ich mich zum Richter und urteile alles Abgelehnte am anderen als scheinbar »schlecht« ab, nur weil ich damit nicht klarkomme und es mir einfach nicht in den Kram passt.

Was aber, wenn dieser Richter in mir ein Fehlurteil spricht? Denn dieser andere Mensch spiegelt mir nur netterweise mein Problem, das ich offensichtlich mit ihm habe. Er zeigt mir, wo ich etwas lernen kann. Er hilft mir, mich zu entwickeln, denn nur durch ihn kann ich ja mein Problem überhaupt erst sehen. Er ist so freundlich und wirft Licht auf eine Stelle in mir, wo es vorher so dunkel war, dass ich mich selbst nicht sehen konnte. Betrachte ich es auf diese Weise, müsste ich diesem Freund eigentlich dankbar sein. Aber was tue ich? Ich spreche ihn schuldig! Für etwas, was ganz tief verborgen mit mir ganz allein zu tun hat. Eine gute Freundin hat darum auch den wunderschönen Satz geprägt, wo immer sie von einem anderen Menschen angegriffen wird: »Du hast bestimmt vollkommen recht damit, wenn du mich so heftig kritisierst! Aber was hat die ganze Sache jetzt eigentlich mit mir zu tun?«

Es ist das einschneidendste Dilemma meines Egos, dass es einerseits die Missstände und Unzulänglichkeiten anprangert und verurteilt, um scheinbar besser zu sein. Dummerweise tut es mir dabei selbst nicht gut, denn meine Seele kennt ganz genau den Grund meiner Ablehnung und der besagt: Ich möchte mich selbst nicht wirklich anschauen. Wie bereits beschrieben, gebe ich energetisch das, was ich anderen gebe, mir selbst. Ich schaufle also mein eigenes Grab, wenn ich andere abgrundtief verurteile. Wenn ich achtsamer werde, nehme ich bewusster wahr, dass Ablehnung mir selbst nicht guttut.

Zum Glück funktioniert diese Gleichung auch in umgekehrter Richtung. Auch der Segen, den ich spende, fließt für mich. Durch das Segnen baue ich mich wieder auf. Durch das Segnen gebe ich Liebe, Dankbarkeit und Vergebung hin zum anderen. Im einfachsten Fall kann jeder Dummkopf mir noch dazu dienen, mir ein schlechtes Beispiel dafür zu sein, wie ich es selbst eben nicht machen möchte.

Beschäftigen wir uns aber genauer mit dem Problem, dann liegt die Heilung im Segnen. Ich darf erkennen, die Schuld, die ich anderen gebe, ist in mir selbst. Ich mache mich allein damit schon schuldig, indem ich mir anmaße, über andere zu urteilen. Es ist gleichbedeutend damit, mich selbst zu beschuldigen, während ich doch nur in den Spiegel schaue.

ÜBUNG: *Segnen der eigenen Anteile*

Meine Kollegin ist eine Zicke? Mein Chef ist gemein zu mir? Ich sehe nun meinen eigenen Anteil, höre auf zu klagen und segne stattdessen: »Mögen alle Menschen erkennen, wo sie anderen die Schuld geben. Mögen alle Menschen in ihren Beziehungen zu anderen wachsen und lernen, ihren eigenen Anteil zu sehen. Mögen sich alle frei machen von ihrer eigenen Schuld, indem sie damit aufhören, sie anderen zu geben. Mögen sich alle Menschen in ihren Projektionen erblicken und ihre Schatten integrieren. Mögen alle Menschen innerlich ausgeglichen werden und den inneren Krieg beenden. Mögen alle Menschen lernen, ihr bester Freund zu sein.«

Nun gibt es aber noch einen dritten Schritt. Dieser Weg tut sich auf, wenn wir die beiden ersten Phasen des Segnens erkundet haben. Kehren wir noch einmal zurück an den Punkt weiter oben, wo deutlich wurde, jede meiner Vorlieben muss auch eine Ablehnung in mir hervorrufen, um beide miteinander auszugleichen. Was geschieht, wenn ich die anderen und mich selbst immer häufiger segne? Meine Ablehnungen hören auf. Im Umkehrschluss werden dies auch meine Vorlieben tun. Ich beginne, immer mehr in Frieden nicht nur mit mir und anderen Menschen zu kommen, sondern auch mit der ganzen Welt, die mich umgibt. Vieles, was ich früher ablehnte, ist dann in Ordnung für mich. Plötzlich

werde ich am Morgen wach und habe ein unge-
wohnt gutes Gefühl. Ich weiß selbst nicht warum:
Alles ist gut.

 ÜBUNG: *Was stört mich an meiner Umwelt?*

Diese Übung macht besonders viel Spaß unter Zuhilfenahme einer handelsüblichen Zeitung. Je billiger,
desto vorteilhafter. Lese die Überschriften und beginne aufzulisten, was dich an den Meldungen stört.
Dann finde dazu den geeigneten Segensspruch: »Mögen alle Kriege der Welt beendet sein. Möge sich Frieden in der Welt ausbreiten. Mögen die Menschen lernen, ihre Konflikte auf friedliche Weise auszutragen.«
Vielleicht stört dich ja auch die Zeitschrift selbst:
»Mögen alle Veröffentlichungen die Wahrheit beschreiben. Mögen alle Zeitungen nur noch Positives
enthalten und zur Zuversicht aufrufen. Mögen alle
Zeitschriften die Menschen zu Güte und Dankbarkeit
führen.« Wie lauten deine Segenssprüche in diesem
Fall? Übung macht den Meister!

Die Bewertung meiner äußeren Umwelt mit »alles
ist gut« spiegelt mir, dass auch innerlich alles gut
geworden ist. Mein Ego hat nicht mehr so viel zu
schimpfen, es ist kein Wildpferd mehr, das wie ver-
rückt ausschlägt. Es ist domestiziert, es wurde zah-
mer. Als Nebeneffekt stellt sich ein innerer Friede ein
und meine Ablehnungen sind nicht mehr so groß.

111

Und schließlich werde ich auch selbst zu dem, was ich schon immer bin: gut und richtig.

Dann komme ich nicht nur in Frieden mit mir und der Welt, sondern auch mit Gott. Hier stellt sich am Ende heraus, welches Spiel unser Ego so lange vor uns selbst verstecken konnte. Es hatte sich still und heimlich angemaßt, selbst oberster Richter sein zu dürfen. Es dachte von sich, es sei Gott, und arbeitete dabei gegen seinen Auftrag der Schöpfung.

Es ist schon angeklungen, was das Segnen ist. Hier wird es noch einmal sehr deutlich. Segnen verbindet uns mit der Schöpfung. Ablehnung und Bewertung trennt uns von ihr. Wenn alles gut ist, wie es ist, dann sage ich auch Ja zur Schöpfung. Dann ist mein einziger Wunsch, für die Schöpfung zu wirken und ihren Wunsch zu erfüllen. Und diese Segnung wird dann lauten: »Mögen alle Menschen glücklich sein! Mögen alle Menschen ihren Frieden finden. Mögen alle Menschen erkennen, dass jede Beziehung ein Segen ist. Auch unsere Beziehung zur Schöpfung und zu Gott.«

Egal, welche Religion man anschaut, so gut wie alle Weisen und Heiligen werden segnend dargestellt. Es ist Ausdruck ihres Wesens zu segnen. Ihre Verbundenheit zur Schöpfung war so groß, dass sie ihren Auftrag voll und ganz erfüllten, sie spendeten ihren Segen. Indem sie sich gesegnet fühlten von der Schöpfung, deren Ausdruck sie doch nur sind.

Die Wunderkraft des Segnens

SEGNEN IST HINWENDUNG ZU GOTT. HEILE ICH MEINE ZWISCHENMENSCHLICHEN PROBLEME MIT ANDEREN, STÄRKE ICH AUCH MEINE VERBINDUNG ZUR SCHÖPFUNG. LETZTLICH IST JEDE MEINER BEZIEHUNGEN NUR AUSDRUCK DIESER MEINER EWIGEN ABSTAMMUNG. WENN ALLES GUT IST, WIE ES IST, DANN BIN ICH ES AUCH SELBST. WENN ICH MIT MIR IM REINEN BIN, DANN WÜNSCHE ICH, DASS ALLE MENSCHEN DIESEN ZUSTAND ERLANGEN SOLLTEN. DIE RELIGIONEN SIND, JEDE FÜR SICH, NUR AUSDRUCK DIESES WUNSCHES. MÖGEN ALLE MENSCHEN GLÜCKLICH SEIN.

Das Denken ist klug,
doch das Herz ist weise.
Der eig'ne Betrug
entsteht so ganz leise.

Das Gut und das Schlecht'
vermein' ich zu trennen
und spreche so Recht,
ohne es zu kennen.

Vom Segen der Gefühle

Liebe ist wie
Heilung:
Wie sonst sollte man es nennen,
wenn die Welt die gleiche bleibt,
aber alle Menschen plötzlich
ihren Himmel
in ihr erkennen.

Segnen hat sich über die Jahre seiner Anwendung für mich zur schönsten Art und Weise entwickelt, Mitgefühl zu praktizieren. Zunächst natürlich im herkömmlichen Sinn dieses Wortes für die anderen Menschen, mit zunehmender Praxis jedoch auch für mich selbst. Segnen kann mir dabei helfen, meine unangenehmen und schwierigen Gefühle wie Angst und Wut zu heilen. In diesem Kapitel lernen wir, wie das möglich wird.

Schon im Kapitel »Segnen – wie geht das?« ist angeklungen, wie wichtig die emotionale Komponente beim Segnen ist. Hier schenken wir einem anderen Menschen unsere Aufmerksamkeit, unsere Anteilnahme, unsere Güte und unsere Liebe.

Dies hat vor allem damit zu tun, dass wir als Menschen nicht so strikt getrennt voneinander sind, wie es uns rein optisch und auch körperlich erscheinen mag. Zwar sind wir einzelne Lebewesen, sind jedoch über unseren Gefühlskörper miteinander in Verbindung. Wir sind in der Lage, andere Menschen und unsere Umgebung zu spüren. Diese Fähigkeit nutzen wir auch ständig, sei uns dies nun bewusst oder auch nicht. Tiere sind für ihren guten Instinkt bekannt. Doch auch wir Menschen verfügen über ähnliche Fähigkeiten, wenn wir etwa einen anderen Menschen intuitiv mögen oder ablehnen.

Leider ist diese Begabung, über die jeder von uns prinzipiell verfügt, bei den meisten ziemlich eingerostet. Lieber vertrauen wir unserem Verstand, der so trefflich bewerten und beurteilen kann. Bei den emotionalen Übungen, bei denen wir uns immer mehr mit unserem Herzen verbinden, wollen mir Teilnehmer in meinen Seminaren oft sehr glaubhaft versichern: »Ich spür nix! Was soll ich denn jetzt spüren? Ich kann das nicht!«

Wir sind es so sehr gewohnt, Dinge aus der Ebene unseres Denkens heraus zu betrachten, dass es uns schier überfordert, einfach mal gedanklich still zu sein und in uns hineinzuspüren. Viele denken bei meinen Übungen zum Herzkontakt vielleicht anfangs: »Ja, wie soll das denn gehen! Das habe ich noch nie gemacht! Das kann ich sicher nicht!«

Jeden, der so denkt, möchte ich hiermit aufmuntern: »Sei dir gewiss, du kannst! Es gibt nichts zu lernen, jeder fühlt und spürt, in jedem Moment!« Wir haben nur vergessen, unseren Gefühlen zuzuhören.

Und leider hat dies die Konsequenz, dass wir auch unseren Instinkten und unserer Intuition nicht mehr vertrauen können.

Bevor wir uns später mit schwierigen Gefühlen beschäftigen, ist es wichtig, dass wir zuerst überhaupt wieder beginnen, unsere Gefühle, die ständig da sind, wahrzunehmen. Wir sind nun einmal lebende und damit fühlende Wesen!

Meiner Erfahrung nach macht mich Denken nicht glücklich. Eher im Gegenteil, es hindert mich daran. Oder, um es mit dem selbst erklärenden Titel des sehr empfehlenswerten Buches von Dan Ariely zu sagen: »Denken hilft zwar, nützt aber nichts!« (siehe Anhang). Wirkliches Glück finden wir allein in unserem Herzen. Hier ist sein Platz. Glücklichsein ist der sicherlich schönste Nebeneffekt beim Segnen.

 ÜBUNG: *Das Herz spüren*

Lege deine beiden Hände auf dein Herz.
Schließe deine Augen und atme ganz locker ein und aus. Bereits nach wenigen Minuten spürst du etwas ... Was spürst du jetzt? Gib deinem Gefühl einen Namen. Wärme? Leichtigkeit? Kraft? Lebendigkeit? Fühle weiter. Komm deinem Herzen und deinem Gefühl noch näher. Was spürst du jetzt? Geborgenheit, Weite, Entspannung?
Beende diese Übung nach wenigen Minuten, aber wiederhole sie, sooft du kannst.

So unscheinbar diese Technik des Herzspürens sein mag, die damit verbundenen Effekte sind immens. Schon allein der Kontakt zu meinem Herzen wirkt segnend auf mich selbst. Untersuchungen des amerikanischen HeartMath-Institutes (siehe Anhang) haben ergeben, dass Meditationen dieser Art die Herzkohärenz verstärken. Das bedeutet, unser Herz ist schon nach wenigen Minuten ausgeglichener und friedlicher. Die Frequenzen unseres Herzschlages (EKG) und unserer Gehirnschwingungen (EEG) gleichen sich an und harmonieren miteinander. Dies hat grundlegend beruhigende Wirkung, sowohl auf die Seele als auch auf den Körper.

Die Medizin nutzt solche Erkenntnisse heute bereits, um Stresspatienten zu behandeln. Das HeartMath-Institut hat Untersuchungen an vielen tausend Führungskräften durchgeführt und als Ergebnis zeigte sich, dass sechsmal weniger Teilnehmer danach noch über Schlaflosigkeit klagten. Außerdem fühlte sich eine überwiegende Mehrheit weniger gestresst und angespannt, stattdessen sogar gedanklich leistungsfähiger. Darüber hinaus senkt sich über längere Zeit des Übens auch der Blutdruck, die Immunabwehr wird besser und die Anfälligkeit gegenüber Ängsten und Depressionen nimmt ab. Diese Übung ist also auch in gesundheitlicher Hinsicht ein wahrer Segen. Darum sei diese Praxis auch herzlich empfohlen, wenn sich im Leben Stress und Hektik breitzumachen droht. Auch bei anderen sich einstellenden unangenehmen Gefühlen wie Angst und Zweifel ist sie wunderbar anwendbar. Fühle einfach dein Herz und du kommst bei dir an. Die ganz simple Konsequenz des Herzfühlens ist nämlich, dass ich durch die Verbindung zum Herzen die ständige überfüllte Datenautobahn meines Denkens kappe. Entweder bin ich im Herzen oder im Kopf, beides zusammen geht einfach nicht. Darum spüre ich viel lieber mein Herz, statt mir ständig den Kopf zu zerbrechen. Das senkt, gesundheitlich gesehen, meinen Puls und öffnet mir die Tür zu meinem persönlichen Glück. Denn die Begriffe, mit denen du dein Gefühl im Herzen eben umschrieben hast, wie Frieden oder Geborgenheit, sind doch nur Synonyme des Wörtchens Glück. Im Herzen finden wir schließlich, was wir immer suchten: Entspannung, Freude, Glück.

Bringe die Herzensübung deshalb auch in deinen Alltag und frage dich immer wieder: Wie fühlt sich das an? Was fühle ich gerade? Nimm dir ein wenig Zeit, schließ deine Augen und fühle in dich hinein. In der Öffentlichkeit brauchst du nach einer Weile der Praxis auch nicht mehr die Hände auf deine Brust zu legen, was eher peinlich sein könnte. Du spürst dann immer genauer deine Empfindungen, kennst dein Herz immer besser – und dein Herz reagiert auf dein Interesse. Mach dein Herz zu deinem besten Freund. Es freut sich über dein Mitgefühl mit dir selbst.

Denn nichts anderes ist es wohl: Ich spüre mich. Ich entwickle Mitgefühl für mich und mein Herz. Das ist die grundlegende Basis des Segnens. Mitgefühl hilft uns beim Segnen und beim Segnen entwickeln wir Mitgefühl. Beides bedingt sich und verstärkt sich gegenseitig. Es ist eine weitere Facette der Tatsache, dass das, was wir anderen geben, uns selbst zuteilwird. Erst wenn ich lerne, mich zu fühlen, werde ich in die Lage versetzt, auch Mitgefühl mit anderen zu entwickeln. Fühlen ist hier der Schlüssel.

Vielleicht ist mir gerade das Fühlen so ungemein wichtig geworden, weil ich lange Jahre buddhistische Meditation praktizierte. Besonders hier ist die Kultivierung von Mitgefühl wie in keiner anderen Religion Kern der Lehre. Ein Buddhist lernt vor allem Mitgefühl für alle Lebewesen und setzt es auch gleich praktisch ein. Ein typischer buddhistischer Segen lautet: »Mögen alle Wesen glücklich sein!« Was für ein schöner Segensspruch!

So, wie die Liebe zwei Liebende verschmelzen kann, so kann das Praktizieren von Mitgefühl als eine Form des Segnens uns mit allen Menschen verbinden. Ich und du, wir sind eins. Der Himmel meint es gut mit uns und hinter dieser Erkenntnis wartet die Geisteshaltung, es auch gut mit anderen Menschen zu meinen. Glück in mir wächst auf ebendiese Weise: Auch mein persönliches Glückgefühl wächst, wenn ich Glück an andere Menschen weitergebe.

Das kann ein einfaches Lächeln sein, ein Lob, ein ausgesprochenes Danke. Es kann ganz praktische Hilfe sein ebenso wie Momente, in denen ich einfach da bin und dem anderen zuhöre. Manchmal fühle ich mich dann im wahrsten Sinne »erfüllt«.

In diesen kurzen Momenten gelingt es mir sogar manchmal, mich selbst als Segen zu begreifen. Wenn ich selbst durch und durch spüre, dass ich gesegnet bin, bin ich wirklich mit allem verbunden. Bin ich ganz im Gefühl, gesegnet zu sein, dann gebe ich automatisch den Segen weiter. Bin ich richtig glücklich, dann gebe ich auch diesen Segen weiter. Dann werde ich eine Art Glühbirne, die ihr Licht auch anderen Menschen schenkt. Jede Praxis von Mitgefühl, von Dankbarkeit, von Freude oder von Glück wirkt in sich als Segen.

Zugegeben, es gibt natürlich auch dunkle Momente in meinem Leben. Dann fühle ich mich wütend, ängstlich oder traurig. Diese unliebsamen Gefühle, die sicher jeder Mensch kennt, können über das Segnen geheilt werden:

ÜBUNG: *Wut, Angst und Trauer segnen*

Wann auch immer ich mich in meinem persönlichen Drama verliere und mich klein und schwach fühle, suche ich zuerst wieder die Verbindung zu meinem Herz. Seine aufsteigende Wärme beruhigt mich und schenkt mir bereits ein wenig Trost. Ich finde zu mir selbst zurück und lasse mich in seine Geborgenheit hineinfallen.

Dann erst gehe ich den nächsten Schritt und beginne zu segnen:

Beim Thema Wut und Ärger:
Ich frage in mein Herz: Was fehlt mir gerade? Warum bin ich gerade sauer?
Ein anderer war ungerecht zu mir?
Jemand hat mich beleidigt?
Ich fühle mich unbeachtet und übersehen?
Ich hatte eine Erwartung, die durch einen anderen schwer enttäuscht wurde?
Dann erkenne ich: Das, was meiner Meinung nach anders sein sollte, ist das, was ich zu geben hätte. Und so segne ich alle Menschen mit genau dem:
»Mögen alle Menschen gerecht und angemessen miteinander umgehen.«
»Mögen alle Menschen freundlich zueinander sein.«
»Mögen alle Menschen die ihnen angemessene Beachtung und Aufmerksamkeit erhalten.«
»Mögen alle Menschen lernen, ihre zu großen Erwartungen an andere loszulassen.«
Segne dann ganz einfach alle Menschen, die dich ärgern, die dich in der Vergangenheit geärgert haben und

121

auch gleich alle, die dich noch in ferner Zukunft ärgern werden: »Ich segne alle Nervensägen mit meinem Segen.« Der Segen wird schon wissen, was er zu tun hat. Und allgemein: »Mögen alle Menschen erkennen, wenn sie sich über den Mitmenschen ärgern, sie ärgern sich immer nur über sich selbst. Mögen alle Menschen damit beginnen, die unnütze und destruktive Energie der Wut in positive, gewinnbringendere Kanäle zu lenken, die dem Wohl der Allgemeinheit und auch ihnen selbst viel mehr Nutzen bringen.«

Beim Thema Angst:
Ich frage mein Herz, was fehlt mir? Warum habe ich Angst?
Ich habe Angst, weil ich mich bedroht fühle?
Ich habe Angst, etwas zu verlieren, etwa den Job, meine Ehe, meine Freunde?
Ich habe Angst, niemals eine beglückende Beziehung zu finden?
Ich habe Angst vor der Zukunft?
Dann überlege ich mir wie immer, was ich denn wirklich möchte. Und ich beginne, dies zu segnen.
»Mögen alle Menschen sich sicher und geborgen fühlen.«
»Mögen alle Menschen sich eine sichere Anstellung, eine funktionierende und beständige Beziehung und eine Menge guter und zuverlässiger Freunde erlauben.«
»Mögen alle Menschen den richtigen Beziehungspartner finden und auch selbst zu einem solchen werden.«
»Mögen alle Menschen vertrauensvoll in eine sichere Zukunft blicken. Möge die Zukunft aller Menschen

gesegnet sein. Ich segne die Zuversicht aller Menschen in eine vertrauensvolle Zukunft. Ich segne die Zukunft. Ich gebe ihr meinen Segen.«

Und allgemein segne ich alle Menschen, die Angst hatten, die Angst haben und die auch Angst haben werden. Ich segne alle ängstlichen Menschen. Ich segne die Angst mit dem ganzen Vertrauen.

Beim Thema Trauer und Verlust:
Ich frage erneut mein Herz: Was macht mich traurig?
Ich habe einen Verlust erlitten.
Jemand ist gestorben.
Eine gute Beziehung zerbrach.
Ich fühle mich allein.
Dann finde ich auch hier einen dazu passenden Segen:
»Mögen alle Menschen die Kraft haben, mit Verlusten umzugehen. Mögen alle Menschen aus solchen Krisen gestärkt hervorgehen.«
»Mögen alle Menschen die Zeit der Trauer gut überstehen. Mögen alle Menschen lernen, den Tod als untrennbaren Teil unseres Lebens anzusehen und zu akzeptieren.«
»Mögen alle Menschen das Ende von Beziehungen gut verarbeiten.«
»Mögen alle Menschen sich geborgen und beschützt fühlen.«
Und allgemein: »Mögen alle Menschen füreinander sorgen. Mögen alle Menschen Mitgefühl füreinander entwickeln. Ich segne die Wohltaten der menschlichen Gemeinschaft. Mögen alle Menschen tatkräftig für eine funktionierende Gesellschaft einstehen. Mögen alle Menschen einander unterstützen in der Not.«

Die Wunderkraft des Segnens

SEGNEN IST GLÜCK. MEINE WELT WIRD SCHÖNER,
WENN ICH SEGNE. DIE LIEBE, DIE ICH VERSCHEN-
KE, STRAHLT ZU MIR ZURÜCK: DURCH EIN EINFACHES
DANKE, DURCH EIN LÄCHELN, DURCH GLÜCKLICHE
ZUFÄLLE. SO WIE ALBERT SCHWEITZER MEINTE,
IST DER ZUFALL NUR EINE VERSTECKTE HANDLUNG
GOTTES. ER WÄHLT DEN ZUFALL ALS PSEUDONYM,
UM INKOGNITO ZU BLEIBEN. SEGNEN SCHENKT UNS
SOLCH WILLKÜRLICH ERSCHEINENDE ZUFÄLLE, DIE
DOCH NUR FOLGERICHTIG SIND. SEGNEN IST DAS GE-
HEIMNIS GLÜCKLICHER MENSCHEN. WER ANDEREN
DAS GLÜCK SEGNET, ERHÄLT ES SELBST.

Die Liebe zu kennen ist Glück,
die Liebe zu teilen ist Freude,
die Liebe zu segnen ist Erfüllung,
die Liebe zu werden ist ... dein Geheimnis.

Geld und Beruf

*Die Liebe ist
wie ein Gemälde:
ein Spiegel
des Auges
des Betrachters.*

Unser Bewusstsein gegenüber Geld bestimmt darüber, ob es sich zu uns gesellen möchte oder ob es sich von uns fernhält. Wie denke ich von meinem Geld? In diesem Kapitel finden wir Mittel und Wege, Geld zu segnen. In engem Zusammenhang damit stehen auch unsere Firma und unser Beruf. Wie denken wir über diese? Und wie können wir in diesem Kontext damit beginnen, das Gute zu segnen?

Ganz allgemein betrachtet stellt Geld einen »Wert« dar. Aber welcher Wert ist das genau? Welchen Wert gebe ich meinem Geld? Machen wir doch gleich zu Anfang eine kleine Übung daraus:

ÜBUNG: *Mein Geld-Gefühl*

Welches Gefühl hast du, wenn du mit Geld zu tun hast? Mit welchem Gefühl nimmst du Geld entgegen, mit welchem Gefühl gibst du es aus? Sei einmal ganz ehrlich. Schreib dir eine Liste, auf der du deine Beziehung zu deinem Geld beschreibst. Hast du ständig zu wenig? Könnte es mehr sein? Beneidest du reiche Menschen? Oder fühlst du gar eine Abneigung gegen sie? Vielleicht steht auf deiner Liste: Ich habe nie genug Geld. Ständig beneide ich meinen reichen Nachbarn ...

Nun haben wir ja schon ein wenig Erfahrung mit dem Segnen. Wie würdest du diese zwei Sätze zum Thema Geld segnen? Was wäre ihr Gegenteil? Bevor du weiterliest, schreib es dir bitte auf.

Meine Vorschläge wären:

»Mögen alle Menschen sich genügend Geld erlauben. Mögen alle Menschen auf der ganzen Welt genug Geld zur Verfügung haben, um ein gutes Leben führen zu können. Mögen alle Menschen gesegnet sein mit ausreichend viel Geld.«

»Mögen alle Menschen den anderen Reichtum erlauben. Mögen alle Menschen erkennen, dass gerade ihr Neid verhindert, dass Geld zu ihnen findet. Denn was du dem anderen gibst, gibst du dir selbst.«

Beim Geld wird die Idee des Segnens vielleicht am einprägsamsten erkennbar. Wenn ich mir Geld wünsche, kommt es am besten zu mir, wenn ich es auch den anderen segne und wünsche. Gerade mein Neid auf denjenigen, der mehr hat als ich, verhindert den Geldfluss zu mir. Denn Neid ist das genaue Gegenteil des Segnens. Neid zerfrisst meinen Selbstwert und wie soll dann der »Wert« Geld zu mir finden? Es ist mein Gefühl, dem Geld gegenüber, das mein Verhältnis zu ihm vorrangig bestimmt.

Wenn ich bedürftig bin, mich andauernd nur arm fühle und denke, von allem zu wenig zu haben, giere ich nach Geld und werde doch immer wieder nur Mangel anziehen. Geld soll eine Freude sein. Es fließt dorthin, wo Freude und Begeisterung ist. Also beende ich lieber schleunigst mein Opferdasein und heile meine Gefühle von Mangel und Neid.

 ÜBUNG: *Arme Gefühle heilen*

Im letzten Kapitel haben wir bereits die unangenehmen Gefühle von Ärger, Angst und Verlust gesegnet. Hier nun, beim Thema Geld, widmen wir uns noch einmal so einem grundlegenden negativen Gefühl, dem Mangel:

Ich bin arm.

Ich bin wertlos.

Jeder von uns hat Momente, in denen er sich klein und nichtig fühlt. Wie würde hier ein Segen lauten? Was meinst du? Schreib dir deine Antworten vor dem Weiterlesen bitte auf.

Segenssprüche für den Mangel könnten lauten:

»Mögen alle Menschen ihren Wert entdecken. Mögen alle Menschen zu ihrem inneren Reichtum finden. Ich segne den Selbstwert aller Menschen. Mögen alle Menschen entdecken, wer sie wirklich sind. Mögen alle Menschen zurück zur göttlichen Quelle finden. Möge allen Menschen bewusst werden, welchen Ursprungs sie sind. Ich segne die Liebe aller Menschen. Ich segne die Liebe.«

Wenn ich selbst keinen Wert habe, dann hat auch mein Geld keinen. Es ist das, was ich in ihm sehe. Geld ist darum ein reiner Spiegel für meinen Wert oder meinen Unwert. Geld ist das, was ich daraus mache. Mein Bewusstsein erschafft es zu dem, was es ist.

Wenn ich nur schlecht über mein Geld denke und rede, was ist es dann wert? Wenn ich mein Geld als schlecht oder schmutzig empfinde, will ich es dann entgegennehmen und will ich es überhaupt behalten? Wenn mein Geld Wasser wäre, würde ich es dann trinken wollen? Oder darin baden? Würde ich dieses Wasser anderen Menschen geben und sagen: »Guck mal, das habe ich für dich geschöpft?« Nein, wohl eher nicht. Auf solches Wasser wäre ich sicher nicht stolz. Mit dem schlechten Reden über mein Geld vergifte ich vielmehr den Brunnen, der mir doch Quelle und Versorgung sein soll.

Die Praxis des Segnens reinigt auch diese meine (Einnahme-)Quelle. So, wie die Mönche durch ihre Gebete das Wasser eines verschmutzten Sees wieder trinkbar machen konnten, so kann auch das Segnen meines Geldes eine reinigende Wirkung auf mich haben. Denn Geld ist vor allem Energie. Mein Geld wird viel wertvoller, für mich wie auch für Menschen, die ich damit bezahle, wenn ich beginne, seiner Quelle Dankbarkeit und Wertschätzung zu schenken. Am Ende erlebe ich dann auch mein Geld als Segen. Die folgende Übung dient dazu, den Blickwinkel auf das Geld zu verändern.

 ÜBUNG: *Der Segen des Geldes*

Frage dich, gern auch wieder schriftlich, warum ist Geld ein Segen für dich? Schreibe einfach alles auf, für das du in puncto Geld dankbar sein kannst. Es schenkt dir Nahrung, Kleidung, ein Dach über dem Kopf, ein Auto, Reisen, Unterhaltung. Notiere dir einfach alles, was dir dazu jetzt einfällt.

Blicke auch über den Tellerrand und entdecke den Segen, den dein Geld im Kreislauf der Wertschöpfung auch für andere wird, wenn du etwas damit bezahlst: Du lässt es in die Lebensmittelbranche fließen, in die Mode- und Bekleidungsindustrie, in den Hausbau, die Fahrzeugherstellung, in Reisebüros und andere Länder. Dein Geld ist wie ein Labsal auch für andere, es unterstützt nicht nur dich, sondern viele Firmen und arbeitende Menschen und erhält sie so am Leben.

Woher bekommen wir unser Geld? Von unserer Arbeitsstelle. Ähnlich wie beim Geld lassen wir auch an unserem Job kaum ein gutes Haar. Darum schauen wir doch auch die Quelle unseres Geldes noch einmal genauer an. Was gäbe es hier zu segnen?

Wenn ich mit Angestellten rede, dann spricht so gut wie niemand positiv über seine Firma. Oder über deren Stellvertreter, den jeweiligen Chef, der die Firma repräsentiert. Entweder ist er zu machtversessen, strebt nur nach Anerkennung oder ist grundsätzlich völlig überfordert und unfähig. Im Spiegel meines Chefs kann ich mich jedoch ganz wunderbar selbst entdecken: meine Sehnsucht nach Macht, meine fehlende Anerkennung mir selbst und anderen gegenüber, schließlich auch meine eigene Überforderung und Unfähigkeit. In der Mannigfaltigkeit menschlicher Existenz zeige auch ich ganz sicher manchmal diese schlechten Seiten, ebenso wie viele gute. Jeder Mensch ist eben ein Gesamtkunstwerk, mit Stärken und mit Schwächen.

Wenn ich im beruflichen Umfeld mit dem Segensbändchen arbeiten möchte, dann wäre der erste Schritt, meinen eigenen Anteil zu erkennen. Ich schimpfe und grolle manchmal gegen meinen Vorgesetzen? Ich kann dann ebenso mein Verhältnis zu meinen Vorgesetzten segnen. »Mögen alle Chefs gerecht sein. Mögen alle Chefs rücksichtsvoll sein. Mögen alle Chefs ihren Mitarbeitern die angemessene Anerkennung und Wertschätzung aussprechen.« Oder: »Mögen alle Mitarbeiter befördert werden, die es verdienen. Mögen alle Angestellten das Gehalt bekommen, das ihnen und ihrer Leistung entspricht.«

Segnen kann ich aber auch in umgekehrter Weise die Befehlsempfänger: »Mögen alle Mitarbeiter mit ihren Chefs zufrieden sein. Mögen alle Mitarbeiter anerkennen, was diese Chefs leisten und welche Verantwortung sie zum Wohle der Firma auf sich nehmen. Mögen auch alle Mitarbeiter ihren Chefs die angemessene Anerkennung zollen.«

Anklagen, die eine Firma betreffen, kann ich ebenfalls beim Segnen in ihr Gegenteil verwandeln. »Mögen alle Firmen ihre Mitarbeiter bestmöglich unterstützen. Mögen alle Firmen das größtmögliche Potenzial in ihren Angestellten erwecken. Mögen alle Firmen den Menschen, die in ihnen arbeiten, bestmögliche Arbeitsplätze schenken. Mögen alle Firmen entdecken, dass die Menschen in ihren Arbeitsplätzen sie selbst sind. Mögen alle Firmen gute Firmen sein.«

Beim Thema Beruf kommt auch die Berufung mit ins Spiel. Viele Menschen, gerade in jüngster Zeit, suchen ihre berufliche Bestimmung, sie können sich jedoch nicht wirklich entscheiden, welche Richtung für sie die beste wäre. Für solche Fälle habe ich mir eine Übung ausgedacht, die ich in Seminargruppen schon oft erfolgreich ausprobieren durfte. Um sie auch zu Hause durchführen zu können, lädt man sich am einfachsten eine Gruppe von Freunden nach Hause ein. Ich habe übrigens auch so angefangen, Seminare zu geben, einmal im Monat lud ich einen kleinen Kreis von Freunden in mein Wohnzimmer ein, um mit ihnen Achtsamkeit und Meditation zu üben. Das ist nicht nur erkenntnisreich, sondern macht auch großen Spaß.

 ÜBUNG: *Gnade segnen*

Zum Segnen der Gnade braucht man wieder ein Gegenüber, am besten sogar eine kleine Gruppe von fünf oder mehr Personen, die sich im Kreis setzen. Jeder nimmt eine meditative Grundhaltung ein und einer der Gruppe beginnt, mit geschlossenen Augen innerlich die Affirmation zu sprechen: »Ich segne meine Gnade weit und breit. Ich verströme meine Gnade.« Die anderen Menschen dienen als Empfänger und spüren nur, was geschieht. Wie fühlt sich die Gnade dieses Menschen an?

Nach etwa fünf Minuten endet der Sender mit dem Segnen seiner Gnade und alle geben Feedback, wie es war. Dieses Prozedere geht weiter, bis jeder der Gruppe Segner war und Rückmeldung erhalten hat.

Viele Menschen suchen ihre Berufung und haben doch leider nur wenige Ideen, was ihre Lebensaufgabe sein könnte. So wie bei der Liebe, die wir sind, aber die wir nicht spüren können, bis wir sie geben, verhält es sich auch bei der Gnade: Sie wartet in uns, wie eine geheime Türe, bis wir sie entdecken und öffnen. Sobald wir unsere Mitmenschen segnen und ihnen dadurch Gnade angedeihen lassen, wird sie uns bewusst und wird spürbar. Wenn wir uns in unserer Gnade zeigen, da wir sie segnen, werden wir plötzlich sichtbar auf dem Radar der Wahrnehmung der anderen Menschen und durch das Feedback spüren wir selbst, was unsere Gnade sein könnte. Dabei ist es nicht so einfach und eindimensional, dass beim Segnen eine klare innere Stimme zu uns sagte: Du solltest Bäcker werden – und alles ist klar. So einfach ist es leider nicht. Wenn eine Person ihre Gnade segnet, bekommen alle im Kreis einen Eindruck davon, welcher Art diese Gnade ist: Geht sie in die Weite oder in die Tiefe, ist sie fein oder ist sie stark, ist sie verbindend oder ist sie sich verströmend, um nur einige Beispiele zu geben.

Die Wunderkraft des Segnens

SEGNEN IST ERFÜLLTHEIT. SEGNEN SCHENKT MIR DAMIT DAS VIELLEICHT SCHÖNSTE GEFÜHL, DAS ICH HABEN KANN. ERFÜLLTHEIT IST FÜR MICH GLEICHBEDEUTEND MIT GLÜCK. NICHT ZU SEGNEN UND DER FALSCHEN FÄHRTE ZU FOLGEN, DIE UNS DAS EGO LEGT, TRENNT MICH VON MEINER QUELLE. DANN KANN SIE MICH UNMÖGLICH ERFÜLLEN. GLÜCK FINDET SICH IN MIR. GLÜCK HAT NICHTS MIT ÄUSSEREN UMSTÄNDEN ZU TUN. GLÜCK ENTSPRINGT AUS MIR SELBST. WILLST DU ERFOLG, SEGNE IHN DEN ANDEREN. WILLST DU GELD, SEGNE ES DEN ANDEREN.

Denn Reichtum beginnt im Gefühl,
das Geben schenkt Liebe dem Armen,
in Wärme schmilzt jedes Kalkül,
und Eigensucht weicht dem Erbarmen.

Befreiung von alten Glaubenssätzen

Die Liebe ist
wie ein Fest:
Sie ist voller Freude und Lachen,
sie schenkt Gemeinsamkeit und Einheit,
sie bereitet Lust und berauscht auch ein wenig,
immer aber
macht sie das Beste aus jedem Tag.

Was denkst du über dich selbst? Und woher kommt diese Meinung? Oftmals führen kleine und unscheinbare Bemerkungen von Eltern oder Erziehern dazu, dass sich in uns schon während der Kindheit bestimmte Meinungen festsetzen. Diese meist falsche Einstellung mir selbst gegenüber wird kaum mehr hinterfragt. Auch hier kann das Segnen eine Stütze sein.

Gestern hatte ich ein Coaching mit einer Frau, die von sich glaubte, in jeglicher Hinsicht völlig unfähig zu sein. Sie ist zwar selbstständige Unternehmerin und macht wirklich den Eindruck, mit beiden Beinen auf dem Boden zu stehen. Beim Gespräch kamen wir jedoch auf ihre Glaubenssätze zu sprechen und sie erzählte mir leicht erschüttert, wie ihre Mutter während ihrer Kindheit immer zu ihr sagte: »Du hast zwei linke Hände! Aus dir wird nie etwas Rechtes werden!«

Jeder von uns hat solche inneren Überzeugungen, die uns als Erwachsene oft nicht bewusst sind, die jedoch unbewusst immer noch unser Handeln bestimmen. Dies erlebe ich immer wieder in Gesprächen mit Menschen. Wenn ich nur gut genug zuhöre, kristallisiert sich die innere Einstellung eines Menschen meist sehr klar heraus. Was auch immer wir sagen, wir reden immer in gewisser Weise auch über uns selbst. Und viele Haltungen dem Leben gegenüber haben wir einfach von den Eltern übernommen. Manchmal erwische ich mich selbst in einem wachen Moment dabei und erkenne: »Guck, jetzt rede ich genau wie mein Vater!«

Als Kinder glauben wir unseren Eltern. Oder eben denjenigen Personen, die eine Erzieherrolle für uns übernehmen. Was sollten wir denn auch anderes tun? Die Eltern sind während der ersten Lebensjahre sehr prägend, zu ihnen schauen wir auf mit großen, staunenden, glänzenden Augen. Und darum überdauern manchmal Sätze, die sie uns zugedacht haben, viele Jahrzehnte – im Falle dieser Frau sogar bis beinahe in die Rente.

Im Gespräch mit ihr stellte sich heraus, dass sie handwerklich sehr geschickt war. Sie liebte es, zu malen und zu basteln. Das übersah sie ihrer Prägung folgend aber geflissentlich. Denn diese gute Eigenschaft passte ja so gar nicht in ihr Selbstbild. Ihre Tendenz war stattdessen, jedes kleinste noch so unwesentliche Versagen ihrerseits aufzugreifen und sich dann selbst sehr dafür zu verurteilen. Nach dem Motto: »Mutter hatte sicher recht, aus mir wird nie etwas!« Oder genauer: »Mutter werde ich es nie recht machen können.«

Nun, ihre Mutter lebte schon viele Jahre nicht mehr und doch führte sie ihre Selbstverurteilung fort: Die Meinung ihrer Mutter war zu ihrer eigenen geworden.

Einmal las ich den bemerkenswerten Satz: »Wir sehen die Welt nicht mit den eigenen Augen, sondern wir sehen die Welt immer aus den Augen der eigenen Eltern!« Verhaltensweisen, Glaubenssätze, Prägungen, die wir in jungen Jahren erleben, begleiten uns häufig ein Leben lang. Einfach, weil wir sie gar nicht infrage stellen und sie uns meist nicht bewusst sind. Deshalb ist es wichtig, dass wir lernen, genau und ehrlich hinzusehen und uns zu fragen: Entspricht dieser Glaubenssatz meiner jetzigen Realität? Stimmt das, was ich tief in mir glaube?

Es ist gar nicht mal so selten, dass die Mutter oder der Vater nur weitergegeben haben, was die Oma oder der Opa damals als Kind über sie selbst sagten. Oft ist es in den familiären Wurzeln wie beim Staffellauf, die Eltern geben Prägungen, die sie von ihren Eltern erhielten, einfach an die nächste Generation weiter.

Das Segnen kann hier zu einem wunderbaren Werkzeug werden, um mit dieser Endlosschleife aufzuhören, die bereits über viele Generationen besteht.

Denn oft kennen wir unsere ererbten Denkmodelle gar nicht, sie sind uns so in Fleisch und Blut übergegangen, dass sie Teil unserer Festplatte geworden sind. Immer wenn wir morgens aus dem Schlaf erwachen, fahren wir diese Programme automatisch mit hoch, ohne dass wir es merken. Unsere Hardware stellen wir nicht infrage. Bestenfalls doktern wir an der Software ein wenig herum.

Beim Segnen ist es ähnlich wie beim Drücken der Reset-Taste beim Computer: Ich lösche dabei auch Programme, die still und heimlich schon zum festen Bestandteil meines Betriebssystems geworden sind. Genauer gesagt, nicht »ich« tue das, denn wie sollte ein Computer sich selbst reparieren können? Um meine unterbewussten Meinungen und Glaubenssätze so grundsätzlich verändern zu können, braucht es etwas, was außerhalb von mir steht, vielleicht sogar über mir.

Um beim Vergleich mit dem Rechner zu bleiben, beim Segnen stecke ich vielleicht sinnbildlich zum ersten Mal wirklich den Stecker meines Gerätes in die Steckdose. Bisher habe ich zwar auch funktioniert, ich lief aber sozusagen nur auf »Notstrom« und nutzte sehr viele Fähigkeiten überhaupt nicht, die mir eigentlich im Sinne der Schöpfung zustehen würden. Ich lebe mein ganzes Potenzial noch nicht wirklich, da es mir selbst noch unbekannt ist. Segnen ist für mich gleichbedeutend damit, unbekannte Bereiche meiner selbst erstmals mit Strom zu versorgen und so aus dem Tiefschlaf zu erwecken. Wenn ich segne, fließt diese Schöpfungsenergie durch mich hindurch.

Um wirklich das Gefühl zu bekommen, gut und richtig zu sein und das volle Potenzial zu leben, braucht es eine Kraft außerhalb von mir, die dies bewirkt. Ganz einfach beschrieben, gibt der Segen das Gute in die Welt und eher nebenbei entsteht auch in mir dabei ein tiefes Gefühl der Akzeptanz. Der Segen erschafft uns, wir werden selbst zu dem, was wir segnen.

 ÜBUNG: *Was glaube ich über mich?*

Bei dieser Übung ist es hilfreich, ein wenig in deiner privaten Mottenkiste zu schnüffeln. Was denkst du über deine Mutter und deinen Vater? Welche Glaubenssätze prägen ihr Leben? Welche stammen vielleicht von deren Eltern und wurden im Laufe der Generationen einfach übernommen? Mach dir bitte eine Liste dazu.

Frage dich dann mit dieser Aufstellung in der Hand einmal selbstkritisch: Welche Einstellungen und Vorbehalte hast du selbst von deinen Ahnen übernommen? An was glaubst du? Oft sind es Sätze wie »Ich bin nicht gut genug«, »Ich bin nicht liebenswert«, »Ich bekomme nie etwas auf die Reihe« usw.

Hör in dich hinein? Welche Glaubenssätze wirken in dir?

Segnen nimmt zunächst diese Einstellung liebevoll an. Dann entwickelt der Segen, was in uns schlummert,

139

um wachgeküsst zu werden. Ich beginne bei mir selbst und segne dann für alle Menschen, was mir selbst fehlt. Etwa: »Ich segne mein bestehendes Bild von mir selbst. Ich segne alle Menschen, sie mögen ein Selbstbild von sich entwickeln, das ihrem höchsten Potenzial entspricht. Mögen alle Menschen ihr höchstes Potenzial entdecken und der Welt zeigen. Mögen alle Menschen zu dem werden, was sie wirklich sind. Mögen alle Menschen in die Liebe zu sich selbst finden.«

Lautet dein Glaubenssatz zum Beispiel: »Ich bin nicht gut genug.« Wie sähe dein Segen aus? Sei kreativ, du kannst im Grunde nichts falsch machen. Jeder Segen ist sicherlich besser als diese destruktive Meinung von dir selbst.

Zum Beispiel konnte ein Segen lauten: »Ich segne meine Meinung, fehlerhaft und voller Makel zu sein. Ich segne alle Menschen, die ebenfalls so von sich denken. Ich segne in allen Menschen die positive Einstellung sich selbst gegenüber. Mögen alle Menschen nur Gutes und das Beste von sich und über andere denken. Mögen alle Menschen das Beste in sich und allen anderen entdecken. Mögen alle Menschen lernen, sich für ihre guten Eigenschaften zu loben. Mögen alle Menschen dankbar für ihre guten Eigenschaften sein. Mögen alle Menschen immer mehr gute Eigenschaften auch an allen anderen Menschen entdecken, jeden Tag eine neue Komponente.«

Petra, eine liebe Bekannte von mir, ging vor einer Weile mit mir spazieren. Ich erzählte ihr dabei vom Segnen und sie probierte es einfach aus und spürte, welch großartige Veränderung dabei mit ihr geschah.

Es ist, als würden wir einen Moment lang die Luft anhalten, uns erinnern, wer wir wirklich sind, und in gänzlich neuer Weise ausatmen. Als wären wir ein Luftfilter beim Staubsauger, der verschmutzte Luft ansaugt, um reinere wieder auszustoßen.

Petra praktizierte das Segnen mit großer Begeisterung und entdeckte immer wieder, wie hilfreich es für sie ist. Beispielsweise hatte sie als Architektin den Auftrag für einen größeren Anbau eines Hauses erhalten, fand jedoch keine passende ausführende Firma. Also nahm sie kurzentschlossen das Branchenbuch zur Hand, segnete einige Augenblicke (in der Form »Ich gebe, ich segne dieses Buch«) und schlug es dann intuitiv auf. Sie landete bei einer kleinen Firma und rief diese dann gleich an. Die Mitarbeiterin meinte dann freudig: »Ach, wie gut, dass Sie jetzt anrufen, eben haben wir einen größeren Auftrag abgesagt bekommen. Im betreffenden Zeitraum haben wir deshalb Zeit für Sie!«

Doch noch aus einem weiteren Grund ist die Praxis des Segnens so eminent wichtig. Der oben beschriebene »Staffellauf der Generationen« zeigt bei genauerer Betrachtung, dass früher oder später aus dem Opfer ein Täter wird. Das Kind wird selbst zum Elternteil und gibt seine Prägungen weiter – ohne es zu wissen und zu wollen.

Nur, wie können wir das »Beste« geben, wenn es uns

selbst vorenthalten worden ist? Wenn wir uns selbst größtenteils als falsch und minderwertig betrachten? Welchen »Wert« haben wir zu geben, wenn wir ihn selbst nicht kennen?

Daraus können wir eine wunderschöne Übung des Segnens für unsere eigene Entwicklung ableiten. Segnen gleicht den Mangel aus, der unentdeckt in uns schlummert. Das, was wir an Gutem von unseren Eltern nicht erhalten haben, holen wir selbst in unser Leben. Unsere Eltern haben ihr Bestes getan, mehr war ihnen nicht möglich. Es ist Zeit, ihnen zu verzeihen, uns selbst zu verzeihen und Frieden in uns zu schaffen. Nun ist es an uns, uns selbst beim Schopf zu packen und das zu gestalten, was wir uns wünschen.

 ÜBUNG: *Die himmlischen Gaben weitergeben*

Nimm eine meditative Haltung ein, atme ein paarmal ein und aus und komm ganz bei dir an.

Spüre deinen Körper, lass deinen Atem durch deinen Körper fließen. Besinne dich einige Minuten ganz auf dich selbst.

Dann segne deine Familie. Beginne mit deinem Vater, egal, ob er noch lebt oder bereits gestorben ist. Spreche innerlich die Sätze: »Lieber Vater, was auch immer du für mich als Gaben und Fähigkeiten vom Himmel bei meiner Geburt mitbekommen hast und mir aus Unwissenheit noch nicht übergeben hast, jetzt nehme ich diese Gaben an.«

Lass nun den Segen deines leiblichen Vaters durch dich fließen und achte darauf, jede Körperzelle in Kontakt mit dieser Energie zu bringen. Lass den Segen fließen, solange du es für richtig empfindest.

Nun nimm auch den Vater deines Vaters in die Übung mit hinein und lass den Segen, den dein Großvater für deinen Vater und damit auch für dich erhalten hat, durch dich fließen. Stell dir vor, wie der Segen deines Großvaters zu deinem Vater und zu dir fließt, vielleicht wie in der Kaskade eines Springbrunnens. Benutze dabei wieder einen innerlichen Satz: »Lieber Großvater, ich nehme deine Gaben an, die du für mich erhalten hast und die schon lange auf mich warten. Bitte segne mich mit deinen Gaben.« Wenn du möchtest, kannst du auch noch deinen Urgroßvater in derselben Weise mit hineinnehmen.

Dann wechseln wir zur Mutterseite. Egal, ob deine Mutter noch lebt oder schon verstorben ist, denke jetzt in diesem Moment intensiv an sie und empfange auch ihren Segen: »Liebe Mutter, ich nehme die Gaben, die du für mich erhalten hast, jetzt an. Ich bin bereit, deinen Segen zu empfangen.« Wieder kannst du in ähnlicher Weise deine Großmutter oder Urgroßmutter mit zum Segnen einladen.

Wenn du selbst Kinder hast, egal ob eigene oder angeheiratete, dann kannst du auch ihnen deinen Segen geben. Nimm dir jedes deiner Kinder einzeln vor dein inneres Auge, betrachte es voller Liebe und sage innerlich zu ihm: »Liebe Tochter, lieber Sohn, welche Gaben auch immer darauf warten, von mir an dich übergeben zu werden, jetzt bitte ich diesen Segen, zu dir hinzufließen. Ich segne dir die Gaben unserer

Familie, von Vater- wie von Mutterseite. Ich segne, ich gebe, ich lasse die Gaben fließen.« Gehe dann weiter zum nächsten deiner Kinder. Wie fühlt es sich an, die Segen zu empfangen und weiterzugeben?

Die Wunderkraft des Segnens

SEGNEN IST MEIN GRÖSSTES POTENZIAL. ICH ENT-DECKE MICH BEIM SEGNEN STÄNDIG NEU. WER BIN ICH IM MOMENT UND WER KÖNNTE ICH SEIN, IM BESTEN SINNE? WELCHE FÄHIGKEITEN SCHLUMMERN IN MIR? WELCHE BESONDEREN BEGABUNGEN HABE ICH? OFT VERSTECKT SICH HINTER EINER SCHEINBAREN UNFÄHIGKEIT EINE GANZ BESONDERE STÄRKE. SEGNE EINFACH ALLES, VON DEM DU GLAUBST, DASS ES DIR FEHLT. LIEBE DEINEN FEHLER. ER KANN DICH ZU DEINEM HÖCHSTEN POTENZIAL FÜHREN.

Im Herz, das offen ist und weit,
wird still ein Licht entfacht.
Des Auges Linse wird bereit,
zu sehen, was glücklich macht.

Der Raum des Schweigens

Liebe ist wie
Zauberei:
Ohne ein Wort, ohne ein Tun,
ohne wirkliche Absicht,
verwandelt sie das Heute,
um dir morgen schon
in jedem Menschen
zu begegnen.

Manchmal ist es angebracht, gar nichts zu tun. Wenn alles Reden und Überzeugen nichts mehr bringt, dann kann es völlig genügen zu segnen. Ganz still und ganz für mich. Im Segnen ist ein Geheimnis verborgen: Nur wer segnet, kann es entdecken. Beim Segnen ist weniger mehr. Das wenige vermag genau dort Berge zu versetzen, wo ich vormals noch dachte, niemals auch nur das kleinste bisschen erreichen zu können.

Mein Sohn ist dreizehn und hat einen besten Kumpel, der zu Beginn ihrer Freundschaft noch vor ein paar Jahren recht schwierig war. Der Kumpel hat einen älteren Bruder und sich wohl bei diesem »Vorbild« ein paar pubertäre Unarten abgeschaut. Mein Sohn litt unter diesem Zustand, denn wer mag es schon, manchmal einfach so geboxt zu werden?

Als ich ihn einmal von solch einem Treffen voller Rangeleien abholte, sprachen wir im Auto darüber. Wir entdeckten, wie sehr dieser Freund von seinem großen Bruder geprägt wurde. Mein Sohn entwickelte Verständnis und entschloss sich, diese Angriffe nicht als Feindseligkeit zu werten und auch nicht böse darauf zu reagieren. Als guter Montessori-Vater vertraute ich darauf, dass er diese Situation allein bewältigen würde.

Ein halbes Jahr später sprachen wir erneut darüber und mein Sohn grinste mich an. Ja, meinte er, das sei nun geklärt. Er habe sich einfach auf die vielen guten Seiten dieses Freundes konzentriert und die schwierigen Momente einfach nicht so ernst genommen. Der Freund habe dann bald gemerkt, wie seine kleinen Bösartigkeiten verpufften, und schließlich selbst beobachtet, wie blöd er sich häufig meinem Sohn gegenüber benahm. Irgendwann dämmerte es ihm sogar, was für ein guter Freund mein Sohn sein musste, dass er sich solche Gemeinheiten von ihm gefallen ließ und trotzdem freundlich blieb.

Statt wie der große Bruder einen Machtkampf aus ihrer Beziehung zu machen, nährte mein Sohn das Gute in seinem Freund und das Ungute erkannte dann bald, wie wenig hilfreich es war. Ich würde heute sagen, mein Sohn segnete einfach das Gute in seinem Freund. Dazu musste er nicht sprechen, es war eher eine innere Haltung in ihm, die den Freund liebevoll in seinen besten Seiten sah. Diese innere

Einstellung zeigte viel mehr Wirkung, als jede Handlung oder jedes Gespräch es hätten haben können (und machte mich als Vater natürlich auch ein bisschen stolz).

Unsere Gewohnheit ist es meist, zu glauben, dass wir uns wehren müssen, etwas sagen oder tun müssen, wenn wir einmal schlecht behandelt werden. Das hat auch sicher seine Berechtigung. Doch meist führt Kämpfen zu nur noch mehr Kampf. Darum ist es auch ein Ausdruck meiner Verbindung zur Schöpfung, dass ich spüren lerne, was in genau diesem Augenblick gerade das für mich und alle Beteiligten beste Verhalten wäre.

Manchmal ist es wichtig, Nein zu sagen.

Manchmal ist es besser, in die Stille zu gehen.

Das, was wir allgemein als Kampf der Gegensätze deuten, der in unserer dualen Welt tobt, ist im Grunde nur der Ausdruck der schöpferischen Energie, die sich in immer neuen Nuancen erfahren möchte. Das Yin-Yang-Zeichen ist nicht als Streit des Dunklen mit dem Lichtvollen zu interpretieren. Vielmehr ist es die stetige, fließende Bewegung des Einen, das sich in immer neuen Arten und Formen entdeckt, um sich selbst neu zu begreifen. Dieses Eine ist wie ein Klumpen Ton, der sich zu neuen Gestalten formt und findet. Es ist an uns zu erkennen, wie wir an diesem schöpferischen Spiel mitwirken, ohne es bisher geahnt zu haben.

Das Tao, das ebenso wie das Yin-Yang-Zeichen einer

der Grundpfeiler der chinesischen Lebensphilosophie ist, gibt einen wichtigen Hinweis zu einer ganzheitlicheren Deutung. Das Tao wird beschrieben als Nichts, in dem alles enthalten ist. Es ist mathematisch mit der Zahl Null vergleichbar, die zu jeder Zahl addiert werden kann, scheinbar ohne Einfluss. Jedoch gibt diese Null jeder anderen Zahl unendlich viel Wert, setzt man sie einmal oder mehrmals dahinter. Nur so gelingt es, aus der 1 eine 10, 100 oder 100 000 zu machen.

In der Sichtweise des Taoismus ist beispielsweise die wichtigste Eigenschaft eines Kruges in der Leere zu sehen, die von den Wänden dieses Gefäßes nur umschlossen ist. Seine Bedeutung liegt in eben dieser Leere, die durch Wasser, Wein oder auch Getreide gefüllt werden kann. Der Inhalt des Kruges ist also austauschbar, sein tieferer Sinn, seine Lebensbestimmung ist es jedoch, als Behältnis zu dienen. Die Leere des Kruges, die scheinbar nichts ist, gibt ihm seinen Zweck.

Welches Behältnis bist du? Worin liegt der Zweck deines Seins? Übertragen wir die Analogie des Kruges auf uns, dann habe auch ich etwas in mir, das leer ist, in dem aber meine wahre Bestimmung verborgen ist. Das Segnen kann ein Schlüssel sein, diesen inneren Raum zu erschließen und nutzbar zu machen. Wer bin ich, wenn ich all das, was ich tagtäglich tue, einmal ausklammere? Wenn ich den Nutzen, den ich zu haben glaube, einmal loslasse?

Wenn ich all die Bedeutungen und Titel, die ich im Laufe meines Lebens angesammelt habe, einmal außen vor lasse?

Wer bin ich, wenn ich selbst meine Gedanken nicht mehr so wichtig nehme? Ich zerbreche mir den Kopf, ich beurteile und analysiere. Was bleibt von mir übrig, wenn ich wirklich nur still sitze und mich auf meine Mitte und meinen Atem fokussiere?

Wenn ich immer nur beschäftigt bin und denke, etwas tun zu müssen, dann schenke ich mir niemals die Erfahrung, wie es sein könnte, einmal einfach nur still und mit meinem Herzen verbunden zu sein. All mein Handeln und Streben, so gut und sinnvoll es auch immer sein mag, legt einen andauernden Aktionismus über meine Stille und mein Sein.

Mein Denken, das meinen Kopf und meinen Verstand zu jedem Augenblick des Tages anfüllt und beschäftigt, hat sicherlich auch seinen Sinn. Es lenkt mich aber ab vom Zustand der inneren Stille und Leere, den ich bei all dem Denken gar nicht erfahren kann. Es ist für mich vergleichbar mit einem leeren stillen Haus, das mir jede Rückzugsmöglichkeit und Entspannung schenken würde, jedoch habe ich dauernd die Stereoanlage an und fülle diesen Raum mit lauter Musik.

In jedem von uns wartet ein Raum, der, ähnlich wie beim Krug beschrieben, immer für uns da ist. Wir füllen ihn außen durch allerlei wichtig erscheinendes Handeln und Tun. Und innerlich verstellen wir uns diese Leere mit den niemals zur Ruhe kommenden Gedanken, die ziellos und ohne wirklichen Plan durch die Räume unseres Kopfes streifen.

In diesem inneren Raum, dieser Leere, sind wir mit allem verbunden. Im Zustand des Tao, den andere Philosophien als Nirwana, Samadhi oder göttliches Sein beschrieben haben, treten wir ganz in Kontakt mit der Schöpfung. Jede Handlung, die uns beschäftigt und ablenkt, jeder Gedanke, der uns doch nur abtrennt von allem, was ist, endet hier.

Wir sind den ganzen Tag über so sehr beschäftigt damit, etwas Dringendes zu tun und etwas Kluges zu denken, dass wir ganz vergessen haben, was wirklich wichtig ist. Wenn es mir jedoch gelingt, in den Zustand des Seins einzutreten, ohne Absicht, ohne Wollen, ohne mir den Kopf zu zerbrechen, dann ist dies das Beste, was ich erreichen kann. Dann trete ich in Kontakt zu meinem Ursprung, zur Quelle in mir. Mehr gibt es nicht zu tun – als Krug zu werden, der sich von der Schöpfung wie ein Gefäß füllen lässt, um seinen Segen, den Segen der Schöpfung, an die Welt weiterzugeben.

Es ist sicher hilfreich, wenn wir entdecken, wie wohltuend es ist, aus dem hektischen Hamsterrad des Alltags auszubrechen. Jede Form der Entspannung kann uns helfen, zu uns zu finden und uns wieder ganz zu spüren. Das kann ein Spaziergang in der Natur sein, ein freundliches Gespräch mit dem Nachbarn, jede Form von Entspannung, Meditation, Massage. Jede

Form des achtsamen Umgangs mit uns selbst bringt uns ein wenig mehr zu uns selbst zurück.

In einer Situation, wo ich das Gefühl habe, besser nichts zu sagen, um dem anderen selbst die Möglichkeit zu lassen, seinen Angriff und seine Ablehnung mir gegenüber zu erkennen, kann mir die folgende Übung sehr hilfreich sein. Dabei bin ich nicht einfach stumm, sondern gehe innerlich in eine Haltung von Akzeptanz. Ich nehme den anderen an und segne dabei die positive Verbesserung unserer Beziehung.

 ÜBUNG: *Der Raum des Schweigens*

Wenn ich mich im Alltag durch eine Provokation oder einen Angriff eines Menschen schlecht behandelt fühle, trete ich innerlich ein in den Raum meines Schweigens. Statt automatisch den Angriff mit einem Gegenangriff zu erwidern, gewinne ich zunächst einmal Zeit und atme dreimal langsam ein und aus. Dies hilft mir, Abstand zu gewinnen und anders handeln zu können. Vor allem reagiere ich in den ersten Sekunden nach einem Angriff zunächst gar nicht. Alles, was ich tue, ist, den Raum meines Schweigens aufzusuchen.

Wie sieht der Raum deines Schweigens aus? Stell dir vor, du läufst früh am Morgen barfuß über eine Blumenwiese. Spüre den Tau unter deinen Fußsohlen und rieche den Duft der vielen Blumen. Dann gehe ein Stück weit bergauf und bald schon erreichst du

151

ein Tor aus Rosen. Wie sieht dein Tor aus? Wie sehen deine Rosen aus? Tritt dann durch das Tor und du kommst in eine Landschaft, die sehr Irland ähnelt. Du folgst einem Bachlauf neben deinem Weg bis zur Quelle. Sie befindet sich in einem Wäldchen, das etwas versteckt zwischen Hügeln liegt. An der Quelle plätschert das Wasser aus einem Berg und daneben entdeckst du eine Tür. Du gehst zu dieser Tür, sie ist offen. Du gehst hindurch und bist im Raum deines Schweigens. Wie sieht dieser Raum aus? Wie sind die Wände gestaltet? Welcher Boden ist unter dir, wenn du diesen Raum betrittst? Merk dir deine Eindrücke und erinnere dich an diesen Raum, wenn dich dein Alltag herausfordert.

Diese Praxis ist die Weiterführung des Segensbändchens. Ich übe mich dabei in achtsamer Gelassenheit, kämpfe nicht gegen eine andere und scheinbar bessere Meinung des anderen. Ich bleibe einfach bei mir und verbinde mich mit meinem Herzen und meinem Zentrum. Dabei entsteht um mich eine Art Sphäre oder Raum des Schweigens, die für den anderen Menschen wie eine Art Spiegel wirken kann.

Die Wunderkraft des Segnens

SEGNEN IST DIE VERBUNDENHEIT MIT MEINEM UR-
SPRUNG. ICH FINDE SIE IN DER STILLE. ES IST DIE
INNERE EINKEHR, DIE MICH MIT MEINEM KERN IN
KONTAKT BRINGT. VERBUNDEN MIT MEINEM HER-
ZEN WERDE ICH ZU EINEM GEFÄSS, DURCH DAS DIE
ESSENZ DER STILLE WIRKSAM WERDEN KANN. DIE-
SER ZUSTAND IST IN SICH EIN SEGEN, INDEM JEDER
ANDERE SEINEN SCHATTEN SELBST ZU ERKENNEN
LERNT.

So fülle mein Herz aus mit Ruhe,
beruhige ganz sachte den Geist,
dass ich still versunken dann tue,
was Du mir als Führung erweist.

Mein Universum und ich

Liebe ist wie
ein Engel:
unsichtbar, doch spürbar,
körperlos, doch tatkräftig,
still, doch kann dein Herz ihn hören,
ganz für dich,
doch auch für alle Menschen.

Zu segnen verstärkt meinen Kontakt zur unsichtbaren Welt, der auch die Engel angehören. Segnen macht mich bereit dafür, meine inneren Grenzen weiter zu stecken und dabei zu lernen, dass die unsichtbare Welt spürbar ist und damit auch real. Sie wird dann endlich der Teil von meinem Leben, der sie immer schon war.

Indianische Schamanen verbringen einen Großteil ihrer Zeit mit vielerlei rituellen Handlungen, bevor sie schließlich mit der Heilung eines Patienten beginnen. Wenn man sie befragt, warum sie das tun, dann antworten sie, es müsse zunächst die »richtige Energie« entstehen, in der Heilung überhaupt möglich wird. Manchmal trommeln, tanzen und singen sie tagelang, bevor sich dieser gewünschte Zustand auch wirklich einstellt. Ihnen ist bewusst, dass sie sich zunächst vorbereiten müssen, sozusagen auf die richtige Zustandsebene heben, bevor sie in der Lage sind, mit den Heilenergien in Kontakt zu treten. Durch ihr rituelles Trommeln und Tanzen schwingen sie sich so lange ein, bis Heilung stattfinden kann.

Ein Heiler besitzt die Fähigkeit, auf besonders kraftvolle Weise segnen zu können. Die Heilung ist in seinem Segen enthalten. Manchen ist diese Gnade in die Wiege gelegt worden, anderen, wie den indianischen Schamanen, gelingt diese Kunst erst durch besondere Zeremonien und Einstimmungen. Die Tänze und Gesänge der Schamanen öffnen den Zugang zu den himmlischen Ebenen, in denen Heilung stattfinden kann. Darum wirkt das Trommeln selbst wie ein Segen, der wie eine Gabe dem Himmel gegenüber signalisiert: »Hier sind Menschen, die sich dir voller Hinwendung zuwenden. Bitte, öffne deine Pforten.«

Es ist jedem von uns gegeben, die Kraft des Segnens selbst zu erleben und zu entdecken. Im Laufe dieses Buches habe ich verschiedene Übungen angeboten, die helfen sollen, ganz praktisch von der Nützlichkeit, ja der Notwendigkeit des Segnens zu überzeugen. Einige davon, wie das Reis-Experiment, sind selbst mit bloßem Auge sichtbar. Andere dagegen erschließen sich erst, wenn ein gewisses Gespür dafür in uns entstanden ist.

Segnen ist wirklich als eine Einladung zu verstehen, hinter die Dinge zu schauen. Manches, was geschieht, können wir intellektuell nicht begreifen. Doch wir können es fühlen, wir können genauer hinsehen und offen für die Wunder werden, die manchmal vor unseren Augen geschehen. So, wie mein Freund Karl Gamper gerne sagt: »Sei realistisch. Erwarte Wunder!«

Das größte Wunder, das in meinem Leben stattfinden durfte, ist in enger Verbindung zum Segnen. Im Jahr 2006 entschlossen sich Bärbel und ich, in den Schweizer Bergen auch spirituell zu heiraten. Wir wählten dazu einen Termin im Juni am Ende eines der Retreats, die ich eingangs erwähnt habe. Bei unserer Zeremonie wurden alle Religionen berücksichtigt, indem Lieder aller Glaubensrichtungen gesungen und entsprechende Gebete dazu gesprochen wurden. Sonst war es ähnlich wie bei der christlichen Hochzeit, wir tauschten Ringe und sprachen auch das Jawort gemeinsam aus.

Wie üblich wurden auch einige Fotos gemacht und alle Teilnehmer dieses Nachmittags waren dann beim Betrachten sehr verwundert darüber, als auf einigen Bildern ein Engel klar und deutlich zu sehen war. Er schwebte auf einigen Abbildungen eher am Rande, doch auf einem Bild war er sehr deutlich zu sehen. Er schwebte in geringem Abstand genau über unseren Köpfen.

Was für ein Wunder! Es war für mich wie ein Zeichen des Himmels, der unsere Hochzeit durch die Anwesenheit des Engels segnete. Vielleicht ist das auch die wichtigste Arbeit, die Hauptaufgabe von

Engeln: zu segnen! Um dabei die himmlischen Energien nach unten zu bringen.

Warum fühlte sich der Engel damals eingeladen, sogar so sehr, dass er auf den Fotos erschien? Meine Erklärung ist ähnlich derjenigen der Schamanen, die oft tagelang trommeln. Beim Retreat hatten wir uns in ähnlicher Weise mit dem Himmel verbunden, hatten gebetet und gesungen und dabei die Verbindung zur Schöpfung gesucht. Die Engel fühlten sich genau wie die Heilenergien von den Menschen angezogen, die sich ihnen öffneten, und die Fotos lieferten nun sogar den Beweis. Hilfreich war bestimmt auch dabei, dass Waliha Cometti, meine liebe Freundin und Wegbegleiterin, damals die Trauung durchführte. Sie arbeitet schon viele Jahrzehnte als Engelmedium und hat nun auch selbst ein Buch geschrieben, »Meine Schule der Engel« (siehe Anhang).

Über Engel lässt sich trefflich streiten. Denn nur ganz selten sind sie wirklich sichtbar. Aber mit ein wenig Erfahrung kann man lernen, sie zu spüren. Ich kann in mich hineinfühlen und mich fragen: »Engel, bist du gerade da?« Es ist, als würde ich bereit sein hinzuschauen. Denn natürlich kann ich nur das sehen, wofür ich meine Augen öffne. Im Sinne des Beobachter-Universums könnte ich sagen, nur, wenn ich das »Experiment« Engel auch durchführe, kann es mir gelingen. Bin ich dagegen im Vorhinein schon skeptisch, dann führe ich diesen Versuch erst gar nicht aus.

ÜBUNG: *Engelsegen*

Der Segen der Engel wartet nur darauf, durch dich auf die Erde zu kommen. Verbinde dich mit deinem Engel. Wenn du möchtest, kannst du auch einen bestimmten Engel einladen, etwa Michael oder Gabriel.

In meinem Gefühl verbinde ich mich dabei zuerst mit meinem Herzen und atme ein paarmal meine Liebe ein und meine Liebe aus. Dann lade ich meinen Engel ein, durch mich und mein Herz zu segnen. Ich verbinde mich im Herzen mit meinem Engel. »Mögen seine Segen durch mein Herz auf die Erde fließen und im besten Sinne für alle Menschen ihre Wirkung spenden. Ich segne den Segen meines Engels, durch mich und mein Herz.«

»Möge mein Engel voller Liebe mit allen Menschen sein, damit sie immer mehr selbst in die Liebe finden.«

Ich kann nur finden, was ich suche. Oder genauer gesagt, ich finde nur, was ich finden will.

Hört sich das jetzt sehr spitzfindig an? Mal sehen. Ein Spürhund hat eine sehr feine Nase und kann die Spur eines Menschen allein am Geruch verfolgen. Ich als Mensch kann das scheinbar nicht. Hast du schon mal versucht, selbst ein Spürhund zu sein? Natürlich nicht. Niemand riecht an einer getragenen Socke, um dann auf allen vieren der Fährte ihres Besitzers zu folgen.

Das mag nur wie ein witziges Beispiel erscheinen, doch genauso verhalten wir uns als Menschen. Ich

158

denke, das kann ich nicht. Also kann ich es nicht. Weil ich denke, es nicht zu können, versuche ich es erst gar nicht – und kann darum unbeschwert so weiterleben wie bisher. Denn die wahren Grenzen sind im Kopf. Weil ich denke, das kann ich nicht, bleibt diese Realität bestehen. Nur ich selbst könnte das ändern.

In meinen ersten Retreats lernte ich die Engel und die Energien des Himmels kennen. Zwar konnte ich sie nicht sehen, denn normalerweise bleiben sie unsichtbar, aber ich lernte, sie zu erspüren. So, wie ein Hund lernt, der Spur zu folgen, so nahm ich damals die Fährte der Engel auf. Ich suchte. Und tatsächlich, auf diesem Foto mit dem Engel wurde dann meine Suche belohnt.

Auch ich dachte, ich kann das nicht. Ich kann doch keine Engel fühlen. Heute kann ich es, es ist allein Übungssache und vergleichbar mit Laufen lernen. Als Kind sehe ich die Erwachsenen auf zwei Beinen schreiten und mache es ihnen nach. Voller kindlicher Freude: »Das will ich auch können!« Natürlich falle ich ein paarmal hin. Aber ich sehe ja, es geht. Und die Erwachsenen halten mich an der Hand. Für mich war Waliha so ein Vorbild, ich spürte und sah mit eigenen Augen, wie sie mit Engeln in Kontakt trat und sie für alle erlebbar machte. Das wollte ich auch! Es wurde möglich, weil ich erkannte und glaubte, dass es möglich ist. Ich steckte meine innere Grenze weiter.

Auch das Segnen stößt an unsere inneren Grenzen, die es zu überschreiten gilt. Beim Segnen erweitere ich meine selbst gesteckten Möglichkeiten und bin offen für die neuen, ungeahnten und wunderbaren Erfahrungen, die mich jenseits dieser Grenze erwarten.

Darum lade ich dich zu einem Gedankenexperiment ein. Stell dir vor, wir Menschen hätten niemals gelernt, auf zwei Beinen zu gehen. Stattdessen krabbelten wir weiterhin wie die Babys auf Armen und Knien herum. Weil es alle tun, ist es normal. Niemand ist anders, niemand ist da, der uns zeigen könnte, auf zwei Beinen zu gehen. Also krabbeln wir weiter, werden größer und erwachsener und niemand ist da, der uns sagt: »Steh auf! Was krabbelst du denn da herum?« Weil wir es gewohnt sind, ist es normal. Keiner stellt es darum überhaupt jemals infrage. Dabei können wir laufen, zweifellos.

Ebenso können wir segnen. Zugegeben, kaum jemand in meinem Bekanntenkreis tut es bisher. Stattdessen krabbeln alle weiter auf allen vieren herum. Vielleicht braucht es darum eine gehörige Portion Mut, wenn du der Erste sein wirst, der anfängt zu segnen. Glaub mir, es ist dieses kleine Abenteuer wert!

Viele kennen die Geschichte der Zwillinge im Mutterleib. Der eine erzählt dem anderen: »Du, hör mal, ich hab gehört, es gibt eine Mutter. Sie ernährt uns und wir wachsen in ihr heran!« Der andere antwortet: »So ein Quatsch, du siehst doch, wir werden über die Nabelschnur ernährt und leben in der Fruchtblase. Mehr gibt es nicht. Am Ende willst du mir noch erzählen, es gäbe eine Geburt und eine Welt da draußen.«

So leben wir. Wir glauben nicht an eine Mutter und eine Welt da draußen. In allen von uns schlummern noch viele ungeahnte Fähigkeiten, die erst erwachen können, wenn ich nach ihnen suche. Das mag dann wie ein Wunder für mich sein.

Der Himmel wartet nur darauf, dass ich mich entdecke. Seine Türen sind immer offen für mich. Jedoch ist es an mir, auch selbst hindurchzugehen.

Das Problem, mich zu entdecken, hat vor allem damit zu tun, dass ich Teil der Schöpfung bin. Wenn ich die Schöpfung nicht als das ansehe, was sie ist, dann finde ich nicht zu mir selbst. Im Buddhismus habe ich gelernt, dass die sichtbare Welt durchdrungen ist von der unsichtbaren und wir Teil sind von beiden Welten. Auch wenn wir Engel nicht sehen, so existieren sie und sind spürbar. Auch wenn wir in der Fruchtblase unserer Meinungen und Glaubenssätze schwimmen, so gibt es doch die Welt da draußen, die wir erleben, wenn wir auf Entdeckungsreise gehen. Das, was wir da draußen finden, bringt uns zu uns. Vielleicht wundern wir uns dann über uns selbst: dass wir viel mehr sind, als wir immer glaubten.

ÜBUNG: *Ich atme meine Vollkommenheit ein*

In ähnlicher Weise kann auch der Segen des Himmels durch mich fließen. Wieder verbinde ich mich mit meinem Herzen und atme einige Male ein und aus.

Dann gehe ich in Verbindung zur Schöpfung und sage innerlich: »Ich atme in meiner Vollkommenheit im Himmel ein in mein Herz und ich atme durch mein Herz in alle Richtungen aus. Ich segne meine Vollkommenheit in alle Richtungen. Möge sie zum Nutzen und Wachstum aller Menschen und der ganzen Welt wirksam sein.«

Fahre fort in diesem Atem und stell dir vor, du wärest ein Bauer, der mit der Hand wie früher seinen Samen über diese Erde verstreut.

SEGNEN IST MEIN UREIGENSTES SEIN. ALS SCHÖPFE-
RISCHE WESEN, DIE WIR NUN EINMAL SIND, SEGNEN
WIR IMMER. ICH KANN NICHT NICHT-SEGNEN. ICH
BIN IMMER EIN SEGEN, IM GUTEN WIE IM SCHLECH-
TEN. ES IST ZWAR ALLGEMEIN KULTURELL AKZEP-
TIERT, WENN DIE ZEITUNGEN ODER UNSERE MIT-
BÜRGER GERN SCHIMPFEN UND KLAGEN. DAS IST FÜR
ALLE OKAY. SICHER WERDE ICH SKEPTISCHE BLICKE
ERNTEN, WENN ICH STATTDESSEN SEGNE. ICH KANN
ES JA GANZ FÜR MICH IM STILLEN TUN. EINER SOLL-
TE ENDLICH DAMIT BEGINNEN.

DER DALAI LAMA SAGTE, UNSERE WELT BRAUCHT
NICHT NOCH MEHR ERFOLGREICHE LEUTE. DAS, WAS
DIE WELT VERZWEIFELT BRACUHT, SIND FRIEDENS-
STIFTER, HEILER, WIEDERHERSTELLER, GESCHICH-
TENERZÄHLER UND LIEBENDE ALLER ART. MÖGE ES
SCHON BALD SO WERDEN! MÖGE ES NOCH ZU UNSE-
REN LEBZEITEN SO SEIN!

Das Sein erschafft sich selbst aus sich,
baut stetig Stein auf Stein,
das, was ich geb, bekomme ich,
mich werdend, still und fein.

Nachwort

Die Liebe
lässt den Menschen werden,
sie erhebt ihn und macht ihn leicht,
sie schenkt ihm Flügel
und verwandelt ihn in Engel.

Die Liebe
lässt den Menschen beten,
sie schützt ihn und schenkt ihm Trost.
Sie bereitet ihm sein Bett
in der Ewigkeit
seiner Seele.

Mit diesem Buch schließt sich für mich ein großer Kreis, seit ich 2007 mit dem Schreiben begonnen habe. »Fühle mit dem Herzen« heißt mein
damaliges Erstlingswerk, in dem es um die Kraft der
Gefühle geht und welche Rolle sie beim Bestellen,
aber auch in unserem ganzen Leben spielen. Damals
schlussfolgerte ich: Bestellen ist wie Auto fahren,
unser Verstand ist das Lenkrad, mit dem wir klare
Ziele vorgeben, die wir dann erst wirklich ansteu-
ern können. Die Kraft, um dieses gewünschte Ziel
dann auch zu erreichen, kommt jedoch aus dem Gefühl, das wir im Augenblick der Bestellung in uns he-
gen. Für eine erfolgreiche Lieferung braucht es also
sowohl ein klar anvisiertes Ziel als auch die Kulti-

vierung von liebevollen, dankbaren Gefühlen in unserem Herzen. Denn nur diese sind in der Lage, die Verbindung zum Universum und zur Schöpfung dergestalt aufzubauen, dass unsere Wünsche in den himmlischen Hallen auch Gehör finden.

Danach wurde das hawaiianische Hooponopono, für das ich gemeinsam mit meiner verstorbenen Frau Bärbel Wegbereiter in Deutschland sein durfte, für uns beide »die neue Dimension der Realitätsgestaltung«. So jedenfalls lautet der Untertitel unseres 2009 erschienenen Werkes »Cosmic Ordering«. Hier gehen wir einen Schritt weiter und wünschen nicht mehr nur aus dem Verstand und unserem Ego heraus. Zur Lösung eines scheinbar im Außen gelagerten Problems, das ich in meinem Leben vorfinde, nutze ich die Liebe im Herzen.

Nach dem hermetischen Prinzip »Wie außen, so innen – und wie innen, so außen« spiegelt eine äußere, für mich schwierige Problematik nur ein mir unbekanntes, inneres Problem, nach der Formel: Ein Problem, das sich in meinem Leben zeigt, muss mit mir selbst etwas zu tun haben, denn sonst hätte ich es nicht. Das erkenne ich auch daran, dass andere Menschen einfach andere Probleme haben als ich.

Beim Hoppen, unserer vom Hooponopono abgeleiteten Variante, nehme ich darum ein Problem in mein Herz und gebe ihm meine ganze Liebe. »Ich liebe den Teil in mir, der mit dieser äußeren Schwierigkeit korrespondiert.« Und so bekommt die Liebe in mir endlich die Erlaubnis, mein inneres Problem zu verbessern oder gar zu heilen. Der Verstand dient bei dieser Technik nur noch dazu, die Regieanweisung zu geben und die Liebe zu ihrem heilsamen Werk einzuladen. Die Kraft zur Verwandlung kommt allein aus dem Gefühl, aus meiner Liebe. Wie genau die Liebe in mir dies bewerkstelligt, kann unser menschlicher Intellekt vielleicht auch gar nicht mehr wirklich erfassen. Um Liebe zu beschreiben, verwende ich darum manchmal gern die Floskel: »Zu lieben bedeutet, im positiven Sinne den Verstand zu verlieren.« Wenn ich nicht mehr krampfhaft versuche, alles zu hinterfragen und zu verstehen, entwickelt sich gleichzeitig eine gesunde Portion Demut in mir. Ich lege beim Hoppen mein Problem in die Hände der Liebe. Ich vertraue auf eine höhere Kraft, die Liebe. Bei der »Wunderkraft des Segnens« lade ich nun dazu ein, noch mehr an unsere Verbindung mit der Schöpfung zu glauben. Wir sind über ein unsichtbares Band mit allem verbunden, was uns umgibt. Über unser Gefühl stehen wir in Kontakt zu unseren Mitmenschen und den Gegebenheiten unseres Lebens. Wir tun dies auf unsichtbare Weise, die wir zwar spüren, aber nicht verstehen können. Jedoch ist die Schöpfung so freundlich, uns Resultate und positive Veränderungen zu bescheren, wenn wir erst einmal spielerisch damit beginnen, unseren Segen zu verschenken.

Dies hat auch einen Bezug zum Wünschen. In der ersten Form war das Wünschen beschränkt auf das, was wir uns vorstellen können. Jetzt geht es in eine ganz neue Richtung. Heute ist die Frage eher, was kann sich das Universum für mich vorstellen? Und das ist sicher tausendmal mehr, als mein beschränkter Alltagsverstand sich auszumalen versteht. Das gilt es auszuprobieren.

So wünsche ich mir, dass dieses Buch dazu beiträgt, uns immer mehr als Teil eines großen Ganzen verstehen zu lernen, das sich durch uns hindurch entfaltet. Dass das Segnen uns unterstützt in unserer persönlichen Entwicklung und dass wir erkennen, dass es unser Geist ist, der unsere Realität erschafft, vielleicht im Sinne, den ein weiser Mann einmal wie folgt beschrieben hat: »Ich ging in meinem Traum eine unendlich lange Straße. Und jeder Mensch, der mir begegnete, trug mein Gesicht.«

Abschließen möchte ich mit der vielleicht schönsten Botschaft dessen, was für mich das Segnen beinhaltet. Sie stammt von Goethe: »Behandle alle Menschen so, als wären sie, was sie sein sollten, und du hilfst ihnen zu werden, was sie sein könnten.«

Für mich ist Segnen darum vor allem die Bereitschaft, anzuerkennen, dass ich mit allen Menschen um mich herum verbunden bin. Darum soll der letzte Segen dieses Buches lauten: »Mögen alle Menschen lernen, sich selbst im anderen zu erkennen. Mögen alle Menschen lernen, ihren Schatten zu lieben, als Teil ihrer selbst. Mögen alle Menschen verstehen, der andere, den ich ablehne, das bin ich selbst.«

Dann, wenn das Herz geöffnet ist,
verschmilzt das Ich im Du.
Mein Ich, das du schon morgen bist,
vermischt zum Wir im Nu.

Seid gesegnet
Manfred Mohr

Anhang

Literatur und Anmerkungen

Ariely, Dan: Denken hilft zwar, nützt aber nichts – Warum wir immer wieder unvernünftige Entscheidungen treffen, München, 2008

Emoto, Masaru: Die Botschaft des Wassers, Burgrain, 2002

Gratzon, Fred: The Lazy Way to Success, Bielefeld, 2004

HeartMath-Institut: www.heartmath.org

Koreanisches Zen-Kloster: Han Ma Um, www.hanmaum.de

Mohr, Bärbel: Sex wie auf Wolke 7, Burgrain, 2007

Rice for Life: Die gemeinnützige Vereinigung Hele Bima, www.helebima.com, ist der Ansprechpartner für diesen Reis in Deutschland. Die angeschlossene Handelsgesellschaft ist dabei, private Verkaufsstellen in Deutschland aufzubauen, www.riceforlife.net

»Scobel«, Die Sendung über Psychoneuroimmunologie vom 30.1.14 findet sich im Internet bei 3Sat: http://www.3sat.de/mediathek/?mode=play&obj=41334

Waliha Cometti: Meine Schule der Engel, München, 2014, www.waliha.ch

Bücher, Hörbücher und DVDs von Manfred Mohr

Die fünf Tore zum Herzen, Burgrain, 2011

Die Kunst der Leichtigkeit, Berlin, 2011

Das Wunder der Dankbarkeit, München, 2012

Das kleine Buch vom Hoppen, Darmstadt, 2013

Das Wunder der Selbstliebe – Ein Jahresbegleiter auf dem Weg zu deinem Herzen, Tischaufsteller, München, 2013

Verzeih Dir! Die schönsten Meditationen, um Frieden mit sich selbst und anderen zu schließen, Hörbuch, Berlin, 2014

Verzeih Dir! Inneren und äußeren Frieden finden mit Hoopo-
nopono, Berlin, 2014
Weiterleben ohne dich, München, 2014
Das Wunder der Selbstliebe, DVD, München, 2014
Wunschkalender 2015 (mit Pierre Franckh), Burgrain, 2014
Mit dem Herzen segnen, Burgrain, 2014
Bestellung nicht angekommen – die größten Irrtümer beim
Wünschen, München, 2014

Von mir gesprochene Übungen für einen verbesserten Herzkontakt aus meinem Buch »Die 5 Tore zum Herzen« finden
sich als mp3-Download auf mohr.momanda.de.

Gedichte von Manfred Mohr
Gedichte, die das Herz berühren, Regensburg, 2009
Dein Herz hat einen Namen, Regensburg, 2010

Bücher von Bärbel + Manfred Mohr
Fühle mit dem Herzen und du wirst deinem Leben begegnen,
Burgrain, 2007
Cosmic Ordering – die neue Dimension der Realitätsgestal-
tung, Burgrain, 2008
Bestellungen aus dem Herzen, Aachen, 2010
Das Wunder der Selbstliebe, München, 2011
Hooponopono – eine Herzenstechnik für Heilung und Ver-
gebung, Burgrain, 2014

Ausbildung zum Coach für positive Realitätsgestaltung
In jedem Jahr bietet Manfred Mohr die Ausbildung zum
»Coach für positive Realitätsgestaltung« an. Sie wendet sich
an alle, die intensive Versöhnungsarbeit auf dennoch lockere
und leichte Weise üben möchten. Das Segnen, Bestellen wie
auch das Hooponopono sind wesentliche Bestandteile. An vier
Wochenenden werden die vier Schwerpunktthemen behandelt:

- meine Beziehung zu mir selbst: Selbstliebe,
- meine Beziehung zu anderen: Selbstliebe und Partnerschaft,
- meine Beziehung zu Geld und Berufung: Selbstliebe und Erfolg
- und meine Beziehung zum Universum und zur Schöpfung: Selbstliebe und Wunscherfüllung.

Näheres findet sich dazu unter www.manfredmohr.de

Ein Live-Vortrag für zu Hause

Nach Jahren der Erfahrung mit Seminarteilnehmern zu »Bestellungen beim Universum« war Bärbel und Manfred Mohr klar geworden, dass das hinter dem Bestellen liegende Gesetz der Resonanz nur dann gut funktioniert, wenn der Wünschende selbst positive Impulse setzt. Manfred Mohr zeigt in diesem Live-Vortrag, wie man durch Selbstliebe-Mantras und Visualisierungsübungen in liebevollen Kontakt mit sich selbst kommt.

Liebe dich selbst
und deine Wünsche gehen
in Erfüllung!

Manfred Mohr
Das Wunder der Selbstliebe

1 DVD, ca. 52 Min., ISBN 978-3-485-07020-1

nymphenburger

www.nymphenburger-verlag.de

Lebenskluger Umgang mit Verlust

Ehrlich und authentisch schildert Manfred Mohr, wie er
die Zeit der Trauer erlebte und wie es ihm gelang, mit
dem Schmerz umzugehen und im Leben wieder Fuß
zu fassen. Seine Einsichten hat er in Übungen zusammengefasst, die Trauernden bei der Verarbeitung des
eigenen Verlustes helfen können.

*»Meine Frau Bärbel Mohr hatte Krebs.
Innerlich hatte ich in jedem wachen
Moment um ihre Genesung gebetet.
Nun wurde mir Bärbel genommen und
ich stand mit unseren beiden Kindern
ganz allein da.«*

Manfred Mohr
Weiterleben ohne dich
152 Seiten, ISBN 978-3-485-02801-1

nymphenburger
www.nymphenburger-verlag.de